Paris *est un jeu*

DANS LA MÊME SÉRIE

Le français est un jeu, Librio n° 672
L'histoire de France est un jeu, Librio n° 813
L'anglais est un jeu, Librio n° 814
La science est un jeu, Librio n° 815
La géographie est un jeu, Librio n° 833
La mythologie est un jeu, Librio n° 834
La littérature est un jeu, Librio n° 837
La philo est un jeu, Librio n° 860
Le XXe siècle est un jeu, Librio n° 861
L'espagnol est un jeu, Librio n° 862

Jean-Michel Dequeker-Fergon

Paris *est un jeu*

100 questions et énigmes capitales

Librio

Inédit

La collection *est un jeu* est dirigée par Pierre Jaskarzec.

Pour Bonpa,
avec tendresse

Sommaire

Introduction

Aucune grande cité n'échappe aux stéréotypes. Paris, comme toutes les autres, paraît ainsi se résumer à quelques silhouettes chargées de dire à elles seules toute la ville (la tour Eiffel, l'Arc de Triomphe, le Sacré-Cœur) ; elle peut encore se ramener à quelques œuvres d'art qu'on ne saurait manquer (*La Joconde*, la *Vénus de Milo*), à quelques « incontournables » (la promenade en bateau-mouche sur la Seine, la vue sur le chevet de Notre-Dame depuis le restaurant de la Tour d'Argent, la glace Berthillon de l'île Saint-Louis) ; elle propose ses personnages types (le garçon de bistrot, le chauffeur de taxi), un certain style de vie (la bohème dans une chambre mansardée telle que se l'imagine Vincente Minnelli dans *Un Américain à Paris*). Nombre de visiteurs étrangers croient de même découvrir l'âme de la capitale dans une promenade place du Tertre à Montmartre, suivie d'une soirée au Moulin-Rouge ; ils y croiseront sans doute moins de Parisiens que de compatriotes ; ils ne rencontreront sans doute pas davantage Amélie Poulain, pas plus qu'ils ne retrouveront le Pigalle de la môme Piaf.

Pour caricaturale qu'elle soit, on ne saurait ignorer cette projection internationale de Paris. Elle dit quelque chose du rayonnement de la ville à la Belle Époque, au lendemain des métamorphoses que lui a imposées le Second Empire, à l'heure des grandes expositions universelles organisées par la République.

Paris, cependant, appelle d'autres images, elles aussi simplificatrices sans doute, car la capitale est bien diverse : une indéniable théâtralité qui aime à célébrer le pouvoir (place des Vosges, place Vendôme, etc.) et à définir des perspectives grandioses (Champs-Élysées, point de vue sur les Invalides depuis le pont Alexandre-III) ; une certaine monotonie haussmannienne qui donne le ton, plus ou moins bien cousue avec le Paris de l'Ancien

Régime qui subsiste partout, derrière les grandes artères plantées d'arbres ; une tendance encore marquée à la ségrégation est-ouest, malgré un mouvement continu d'embourgeoisement jusque sur les pentes de Belleville ou de Ménilmontant ; une ville noire il y a un demi-siècle, nettoyée, lessivée, briquée aujourd'hui ; une ville un peu figée sans doute, respectueuse de son patrimoine jusqu'à la paralysie, corsetée par son boulevard périphérique.

Paris n'est pas une vaste cité (un peu plus de 100 km^2) ; quoique assez densément peuplée, elle n'est plus, à présent, un monstre démographique (2,1 millions aujourd'hui contre 2,9 millions au lendemain de la Première Guerre mondiale). Mais son agglomération étend loin ses ramifications. La capitale ne peut aujourd'hui penser seule son avenir, sauf à risquer de se métamorphoser en ville-musée.

Les ouvrages suivants sont facilement accessibles et intéresseront tous ceux qui veulent en savoir plus sur Paris :

Chadych (D.) et Leborgne (D.), *Atlas de Paris. Évolution d'un paysage urbain*, Parigramme, 2002 : très bel atlas, conjuguant le texte, l'image et le plan.

Favier (J.), *Paris. Deux mille ans d'histoire*, Fayard, 1997 : une somme de mille pages, érudite mais facile à lire.

Hazan (E.), *L'Invention de Paris. Il n'y a pas de pas perdus*, Seuil, 2002 ; « Points », 2004 : une promenade sensible dans le temps et l'espace. Indispensable pour tous ceux qui aiment Paris.

Jean-Michel DEQUEKER-FERGON

1

Fluctuat nec mergitur

Le berceau de Paris

Une ample courbe de la Seine, parsemée d'îles, quelques buttes au nord et au sud, des marais sur la rive droite : tel est le berceau de Paris. Le fleuve est tellement indissociable de l'histoire de la ville qu'il est à l'origine de sa devise : *Fluctuat nec mergitur* (« Elle est battue par les flots mais ne sombre pas »). Faites vôtre ce beau principe en répondant aux questions de ce premier chapitre.

1. Commençons par faire connaissance avec le relief de la capitale, dont tout amateur de bicyclette sait qu'il offre des pentes sérieuses.
a. Avant d'en entreprendre l'ascension, chassez l'intruse dans la liste suivante :
❑ la butte Chaillot ❑ la butte Montmartre
❑ la butte aux Perdreaux❑ la butte de Belleville-Ménilmontant
b. Une autre éminence, au cœur de Paris, est appelée « montagne ». Si vous ne la connaissez pas, aidez-vous de l'anagramme suivante pour trouver son nom : VISE GEANTE EN VIE.

2. « L'île............... en ayant marre / D'être à côté de la Cité / Un jour a rompu ses amarres / Elle avait soif de liberté / Avec ses joies, avec ses peines / Qui s'en allaient au fil de l'eau / On la vit descendre la Seine / Ell'se prenait pour un bateau. »
Quelle est donc cette île fugueuse chantée par Léo Ferré ?
❑ île aux Cygnes ❑ île de la Cité
❑ île Saint-Louis ❑ île aux Vaches ❑ île Louviers

3. Il / Elle coule sur la rive gauche, s'est successivement jeté / e dans la Seine quai Saint-Bernard (à proximité de la gare d'Austerlitz),

et près de la porte des Tournelles (fossé Saint-Bernard). Il / Elle est aujourd'hui complètement souterrain / e mais, pendant longtemps, il / elle attira les tanneurs et les teinturiers qui utilisaient ses eaux pour leur activité. Il s'agit :
❑ de la Marne ❑ de la Bièvre ❑ du ru de Ménilmontant

4. 1658, 1740, 1808, 1910 : à chacune de ces dates un événement de même nature s'est produit à Paris. Lequel ?
❑ une inondation ❑ un incendie
❑ une tempête ❑ un tremblement de terre

5. Les besoins en eau de la capitale ont suscité un important projet de dérivation. À vous de l'identifier. Son nom doit apparaître dans la colonne grisée.

1									
2									
3									
4									
5									

1. Instigateur du projet. Rues et ponts de Paris commémorent ses victoires.
2. On la trouve à tous les étages.
3. Bassin abritant aujourd'hui un port de plaisance.
4. Ils sont trois à se rejoindre dans le bassin de la Villette.
5. Serait « oléo » s'il distribuait du pétrole, mais il distribue mon deux.

6. La place de l'Hôtel-de-Ville, située sur les berges de la Seine, s'appelait autrefois place de............ Si vous ignorez la réponse, aidez-vous des indices suivants :
piquet – jeûne – cessation – zèle

7. Chacun sait qu'à l'origine Paris s'appelait Lutèce. Mais quel était le nom du peuple vivant dans la région ?
❑ les Parisii ❑ les Séquanes ❑ les Lutéciens

8. Pendant l'Empire romain, la ville romaine se développe à la fois sur l'île de la Cité et sur la rive gauche. Elle s'organise conformément à l'usage autour de deux axes perpendiculaires : le *decumanus* (axe est-ouest correspondant à l'actuelle rue des

Écoles) et le *cardo* (axe nord-sud superposable à l'actuelle rue Saint-Jacques).
Chacune des lignes suivantes comprend à la fois le nom d'un monument de l'Antiquité et le nom de la rue – ou du boulevard – où se situent aujourd'hui ses vestiges. À vous de remettre les lettres dans l'ordre.

S	U	T	O	R	F	O	U	F	L	O	M	F						
M	O	N	A	G	R	E	N	E	S	E								
H	A	N	T	E	S	M	A	I	N	G	R	E	S	T	E	M	I	R

9. À l'aide des indices suivants, identifiez deux saints qui fondent l'histoire du christianisme à Paris :
a. un évêque qui a perdu la tête – Montmartre – une abbaye au nord de Paris
b. une femme – les Huns – une abbaye au cœur de Paris – une montagne

10. Quel est le premier roi à avoir fixé le siège de son royaume à Paris ?
❑ Clovis ❑ Childebert ❑ Dagobert

11. En 885-886, les Parisiens font face à un grand danger qui les conduit à quitter rive gauche et rive droite pour se réfugier dans l'île de la Cité, protégée par une enceinte. De quoi ont-ils si peur ?
❑ d'une guerre entre souverains carolingiens
❑ d'un siège mené par les Normands
❑ d'une attaque des Hongrois

Réponses

1. a. la butte aux Perdreaux.
Il s'agit en fait de la butte aux Cailles, dans le XIIIe arrondissement (ce n'est pas un volatile, cependant, qui a donné son nom au lieu, mais un certain Pierre Caille qui possédait le terrain au XVIe siècle). Les buttes de Montmartre et de Belleville-Ménilmontant culminent aux environs de 130 mètres. La butte Chaillot, arasée au XIXe siècle, surmonte la Seine à près de 70 mètres.
b. Sainte-Geneviève.
Depuis des siècles, les étudiants vivent et travaillent sur les pentes de la montagne Sainte-Geneviève, couronnée en son sommet par la coupole du Panthéon.

2. L'île **Saint-Louis** (ainsi nommée depuis 1664) résulte de la réunion de l'île Notre-Dame et de l'île aux Vaches par le comblement en 1614 du chenal qui les séparait. L'île Louviers n'existe plus pour avoir été réunie à la rive droite en 1840 (la voie rapide bordant la Seine en épouse à présent la courbe au niveau du quai Henri-IV). À vrai dire, la Seine était jadis beaucoup plus large, et jonchée de nombre d'îlots aujourd'hui disparus : le rattachement de certains d'entre eux, tels que l'île des juifs (où furent brûlés des juifs et les Templiers) explique que l'île de la Cité ait doublé sa surface.

3. de la Bièvre.
Elle fut dédoublée au Moyen Âge, par une dérivation se jetant dans la Seine face à l'extrémité orientale de l'île de la Cité. Teinturiers et tanneurs ont longtemps travaillé sur ses rives avant que le cours d'eau ne soit canalisé et couvert dans un souci de salubrité. Il est régulièrement question aujourd'hui de le remettre au jour sur une partie de son cours.
Le ru de Ménilmontant est l'un des petits cours d'eau qui coulaient depuis la butte de Belleville-Ménilmontant : quelques toponymes en gardent le souvenir (rues des Rigoles, des Cascades ou de la Mare).
La Marne se jette, quant à elle, dans la Seine légèrement en amont de Paris, à Charenton.

4. une inondation.
Les précipitations hivernales expliquent que la Seine, en aval de sa jonction avec l'Yonne et la Marne, connaisse de fortes eaux

assez régulièrement. Environ une fois par décennie, la crue est non négligeable. Mais une fois par siècle, elle est particulièrement forte, à l'instar de celle de 1910 : le fleuve a retrouvé alors un ancien cours, un peu plus au nord, ce qui explique par exemple que les riverains de la gare Saint-Lazare aient dû circuler dans des barques. Une crue centennale interviendra inéluctablement dans un avenir proche, malgré les barrages-réservoirs édifiés en amont de la capitale. Les animaux du Jardin des Plantes se retrouveront-ils une nouvelle fois les pattes dans l'eau ?

5. La dérivation de l'**Ourcq**.

1	N	A	P	O	L	E	O	N	
2		E	A	U					
3			A	R	S	E	N	A	L
4				C	A	N	A	U	X
5			A	Q	U	E	D	U	C

Le canal de l'Ourcq résulte d'une décision de Napoléon : il alimente le bassin de la Villette à partir duquel plusieurs aqueducs approvisionnaient Paris ; ses prolongements (canal Saint-Denis et canal Saint-Martin) le relient à la Seine en aval et en amont de la capitale (bassin de l'Arsenal). Ce réseau canalisé permet aux navires d'éviter de traverser tout Paris et de parcourir un long méandre.

6. Grève.
C'est en place de Grève, devant l'Hôtel de Ville, que l'on exécutait les criminels ; là aussi que les travailleurs mécontents se rassemblaient lorsqu'ils cessaient le travail. Le mot de grève rappelle que pendant longtemps les berges de la Seine se sont abaissées en pente douce jusqu'au fleuve ; on y tirait les navires pour les décharger. Les risques d'inondation expliquent les travaux d'aménagement des quais. Pour l'essentiel, ils ont été réalisés dans la première moitié du XIXe siècle.

7. les Parisii.
Lutèce est la cité des Parisii. Le nom du peuple finit par s'imposer, ainsi qu'en témoigne une borne milliaire du début du IVe siècle qui évoque la *civitas Parisiorum* (la cité des Parisiens). À la fin du Ve siècle, on dira Paris. Quant à la Seine, en latin elle se dit *Sequana*.

8.

F	O	R	U	M	S	O	U	F	F	L	O	T						
A	R	E	N	E	S	M	O	N	G	E								
T	H	E	R	M	E	S	S	A	I	N	T	G	E	R	M	A	I	N

Le forum couvrait un vaste quadrilatère centré sur la rue Soufflot : il s'étendait depuis l'actuel boulevard Saint-Michel jusqu'à la rue Saint-Jacques.
Les arènes de Lutèce ont été mises au jour pendant le règne de Napoléon III, à l'occasion du percement de la rue Monge.
Les vestiges des thermes se dressent à l'intersection des boulevards Saint-Michel et Saint-Germain, sur un terrain qui fut acheté au XIVe siècle par l'ordre de Cluny. Lutèce possédait deux autres établissements de bains à proximité.

9. a. saint Denis.
Premier évêque de Paris, il aurait été décapité sur le mont des Martyrs (Montmartre), en fait peut-être un peu plus au nord. L'histoire veut que le saint ait porté sa tête jusqu'au lieu où devait s'élever l'abbaye qui lui est dédiée, appelée à devenir la sépulture des rois et des reines de France.
b. sainte Geneviève.
Sur le pont des Tournelles, une statue de sainte Geneviève (par Paul Landowski, 1928) la représente tournée vers l'est : la jeune femme, issue de l'aristocratie foncière gallo-romaine, veille sur Paris, face aux terribles Huns d'Attila. Si celui-ci n'a sans doute jamais voulu prendre la ville, Geneviève aura du moins su en rassurer les habitants : elle s'impose ainsi comme une sainte patronne qui, au terme de sa longue vie, sera ensevelie sur la « montagne » qui porte aujourd'hui encore son nom, dans la basilique des Saints-Apôtres-Pierre-et-Paul, édifiée par Clovis. Pendant des siècles, on portera en procession la châsse contenant les reliques de la sainte réputée accomplir des miracles.

10. Clovis, en 508.
À sa mort, en 511, il est inhumé dans la basilique dédiée aux saints apôtres.
Childebert Ier (511-558) a fondé à l'ouest de la ville une basilique (Sainte-Croix-et-Saint-Vincent) où est inhumé en 576 l'évêque de Paris, saint Germain, qui lui donne son nom. C'est l'origine de Saint-Germain-des-Prés.

Dagobert, quant à lui, ne séjourne plus à Paris mais, comme son père Clotaire II, dans les palais des environs. Il est le premier souverain mérovingien à décider d'avoir sa sépulture dans l'abbaye de Saint-Denis.

11. d'un siège mené par les Normands.
Ce n'est pas la première fois que leurs drakkars remontent ainsi la Seine. Par trois fois déjà ils ont pillé et brûlé la ville, ce qui explique la décision du roi Charles le Gros de consolider l'enceinte de l'île de la Cité. En novembre 885, nouvelle attaque des Normands : rythmé par les offensives, le siège de l'île dure de longs mois. Dans l'impossibilité d'emporter la place, l'assaillant installe ses quartiers près de l'actuelle église Saint-Germain-l'Auxerrois et à Saint-Germain-des-Prés. En septembre 886, le roi Charles décide de négocier : il paye rançon, Paris est sauf. Et les Normands continuent leurs raids en amont de la capitale.

2

Paris ne s'est pas faite en un jour

Le pouvoir et la ville

Administrer et surveiller, rationaliser et aménager : depuis l'Antiquité, il faut encadrer la croissance d'une ville qui apparaît à beaucoup comme un monstre urbain. Le pouvoir central comme les autorités municipales s'y sont employés avec zèle, sinon toujours avec succès. Leur action rencontre parfois l'adhésion, l'hostilité plus souvent tant les métamorphoses supposent pour les habitants des désagréments ou simplement l'apprivoisement des nouveautés.

1. L'un des hommes qui suivent ne fut pas maire de Paris. Lequel ?
❑ Étienne Marcel ❑ Bailly ❑ Jules Ferry ❑ Jean Tiberi

2. Au Moyen Âge, on appelait l'Hôtel de Ville :
❑ la Maison aux piliers ❑ la Maison aux balcons
❑ la Maison des marchands

3. En 1667, un édit royal fonde à Paris la charge de lieutenant général de police. À vous d'identifier le nom de son premier titulaire, en résolvant cette charade.
Mon premier introduisit le tabac à la cour de France.
Mon second est une note de musique qui donne le ton.
Mon troisième peut faire office de particule.
Mon quatrième est mon second.
Mon cinquième est une ligne ou un poisson.
Mon dernier se refuse à avouer.
Une anagramme pour vous aider : INCENDIERAS LOYALE

4. Au tournant des XVIIIe et XIXe siècles, Paris comprend un bon millier de rues. Pour mettre un peu d'ordre dans le labyrinthe urbain, il devient nécessaire de systématiser l'inscription de leur nom et de numéroter les habitations. Comment cette numérotation est-elle organisée ?

a. La numérotation commence par la maison la plus à l'est ou la plus au nord de la rue.

b. Les premiers numéros commencent pour les rues perpendiculaires à la Seine au point le plus proche du fleuve ; pour les rues parallèles, au point le plus en amont.

c. On procède à une décision arbitraire mais définitive pour chaque rue.

d. La numérotation part toujours du point le plus proche de l'Hôtel de Ville.

5. De quand date la division de Paris en vingt arrondissements ?

❑ 1680 ❑ 1795 ❑ 1811 ❑ 1860

6. Il faut adapter Paris à la révolution industrielle ! Il revient à Napoléon III et Haussmann d'avoir remodelé la ville qui s'offre alors comme un immense chantier.

A. Parmi les artères suivantes, quelle est celle dont l'empereur et son préfet ne furent pas les initiateurs ?

boulevard Malesherbes – boulevard Saint-Germain – boulevard Saint-Michel – rue de Rennes – rue Rambuteau

B. Les percées haussmanniennes obéissent à des règles esthétiques très classiques. Napoléon III et son préfet veulent ainsi que les artères pointent ou dégagent des monuments afin de les mettre en valeur. Choisissez les bonnes réponses.

a. Au nord, le boulevard de Sébastopol s'achève par la gare du Nord / par la gare de l'Est ; au sud il est dans l'axe du dôme du tribunal de Commerce / du dôme du Panthéon.

b. Le boulevard du Palais traverse l'île de la Cité : au nord, de l'autre côté du pont au Change, se dresse(nt) le théâtre du Châtelet / la fontaine du Palmier et sa colonne ; de l'autre côté du pont Saint-Michel, au sud, la fontaine Saint-Michel / l'église Saint-André-des-Arts.

7. On n'y prête pas toujours attention tant il fait partie de la vie quotidienne, pourtant le mobilier urbain de Paris est si spécifique qu'il pourrait suffire à identifier la ville. Les affirmations suivantes sont-elles vraies ou fausses ?

a. Les colonnes Morris doivent leur nom à l'industriel du tabac bien connu.
b. Richard Wallace est un philanthrope anglais qui décida de financer des fontaines publiques à Paris.
c. Eugène Poubelle, préfet de Paris, a imposé aux propriétaires d'immeubles de mettre à disposition de leurs locataires des récipients à ordures munis d'un couvercle.
d. Les premières « vespasiennes » – ainsi nommait-on les urinoirs – apparurent au XIXe siècle sous l'impulsion du préfet Vespasien.

8. Les bois, parcs et jardins suivants furent conçus sous le Second Empire, sauf deux intrus à identifier.
Jardin des Plantes – parc de Bagatelle – bois de Boulogne – bois de Vincennes – parc des Buttes-Chaumont – parc Montsouris – Jardin d'Acclimatation

9. L'urbanisme obéit à des règlements qu'il faut respecter, quand bien même ceux-ci sont sujets à nombre de dérogations… À vous de vérifier que vous les connaissez.
a. Il n'était pas possible avant 1882 d'orner la façade avec un bow-window (fenêtre en saillie s'offrant comme une sorte de jardin d'hiver). Vrai ou faux ?
b. L'élévation maximale est aujourd'hui de :
❑ 37 mètres ❑ 55 mètres ❑ 68 mètres
c. Dans la liste suivante, chassez l'intruse :
tour Zamansky (faculté de Jussieu, Ve arrondissement) – tour Montparnasse (XIVe arrondissement) – les Olympiades (XIIIe arrondissement) – la ZAC Rive gauche (XIIIe arrondissement) – le Front de Seine (XVe arrondissement)

10. Qu'est-ce que le « façadisme » ?
❑ le fait de ne conserver d'un bâtiment que sa façade et d'en modifier tout l'espace intérieur
❑ le fait de dupliquer une même façade tout au long d'une voie urbaine

Réponses

1. Étienne Marcel : il était prévôt des marchands.
Le premier maire de Paris, l'astronome Bailly, fut élu le 15 juillet 1789, au lendemain de la prise de la Bastille. Ils seront sept à lui succéder avant que la capitale ne soit placée sous l'autorité directe du gouvernement (1795), bientôt incarnée par le préfet de la Seine et le préfet de police. La IIe République, en 1848, décide de nommer un maire, mais on en revient vite au régime préfectoral, illustré sous le Second Empire par le baron Haussmann. En 1870, Étienne Arago puis Jules Ferry deviennent maires de Paris, mais la IIIe République naissante n'entend pas abandonner la capitale au régime municipal commun. Il n'y aura donc plus de maire de Paris jusqu'en 1977, date à laquelle Jacques Chirac est élu et prend possession de l'Hôtel de Ville qu'occupait depuis 1803 le préfet de la Seine. Lui succéderont Jean Tiberi (1995) puis Bertrand Delanoë (2002).
Le pouvoir a toujours cherché à exercer son contrôle sur l'administration de la capitale. C'était déjà le cas au Moyen Âge par l'entremise du prévôt, à la fois administrateur et juge. Face à ce dernier, souvent en opposition avec lui – à l'instar d'Étienne Marcel –, se tenait alors le prévôt des marchands qui, avec les échevins qui l'entouraient, était élu par la bourgeoisie dont il défendait les intérêts économiques. Mais depuis le XVe siècle, le pouvoir royal impose son homme à la tête de la prévôté des marchands.

2. la Maison aux piliers.
L'Hôtel de Ville est le siège de la municipalité parisienne. À l'origine, il y avait en ce lieu la Maison aux piliers, édifice cossu en pierre acheté en juillet 1357 par Étienne Marcel. Plusieurs fois agrandi et remanié, brûlé pendant la Commune, il a été reconstruit entre 1873 et 1882. Depuis 1888, son jardin s'orne d'une statue équestre d'Étienne Marcel, une façon pour les radicaux du conseil municipal d'exalter la liberté civique et l'autonomie de leur ville face à l'État centralisateur, face à la République qui avait quelques années plus tôt écrasé la Commune.

3. Nicolas de La Reynie (Nicot – la – de – la – raie – nie).
Nommé par le roi – et révocable à tout moment –, il devait exercer la fonction de lieutenant général de police pendant trente ans. Sa mission est multiforme puisqu'il lui revient de lutter

contre la criminalité et la délinquance, contre les incendies et les inondations ; il doit encore surveiller l'hygiène et le ravitaillement de la cité, s'occuper de la voirie, instruire certains grands procès. Il dispose, pour l'assister, de quarante-huit commissaires de police répartis entre les quartiers de la ville, et d'un grand nombre d'indicateurs rémunérés (les « mouches » ou mouchards). La longue lieutenance de Nicolas de La Reynie est notamment marquée par le démantèlement de la cour des Miracles – repaire de mendiants et de délinquants – et l'éclairage des rues.

4. b. Les premiers numéros commencent pour les rues perpendiculaires à la Seine au point le plus proche du fleuve ; pour les rues parallèles, au point le plus en amont.
Au début de l'Empire, il a été décidé que les premiers numéros – pair et impair – commenceraient, pour les rues perpendiculaires à la Seine, à l'entrée de la rue au point le plus approché de la Seine et, pour les rues parallèles, à l'entrée prise en descendant le cours du fleuve. Les numéros pairs sont du côté droit (en s'éloignant de la Seine ou dans le sens du cours de la rivière).
Les premières expérimentations de numérotation des rues, au XVIIIe siècle, avaient rencontré l'hostilité des populations : méfiance devant le fisc, morgue d'aristocrates peu désireux de se voir identifiés à un simple numéro.
Dès les années 1720, on a commencé à poser des plaques de fer-blanc pour identifier les rues. Devant les dégradations et les déprédations, il fut vite ordonné de graver les noms dans la pierre. Sous l'Empire, on décide de procéder à une « réinscription générale » au moyen de lettres peintes à l'huile. Viendront ensuite des plaques de porcelaine puis, au XXe siècle, les plaques que nous voyons aujourd'hui, avec lettres blanches sur fond bleu (au phtalocyanate de cuivre).

5. 1860.
En 1680, Louis XIV avait remodelé une première fois la division administrative de Paris en seize quartiers distribués selon un découpage circulaire. En 1702, il décide de porter leur nombre à vingt : il entend ainsi corriger de trop fortes inégalités en matière de recettes fiscales. En 1790, au début de la Révolution, les limites administratives de la capitale sont portées au niveau de l'enceinte des Fermiers-Généraux. Et à des fins électorales, on découpe la ville en quarante-huit sections, bientôt regroupées en douze municipalités (1795). Un arrêté préfectoral de 1811 fait

de ces municipalités des arrondissements. C'est enfin en 1860 que les communes périphériques sont annexées par décision de Napoléon III et de son préfet Haussmann. Paris comprend désormais vingt arrondissements.

6. A. L'intruse : **rue Rambuteau. B. a. par la gare de l'Est** (au nord) et **du dôme du tribunal de Commerce** (au sud). **b. la fontaine du Palmier et sa colonne** (au nord), **la fontaine Saint-Michel** (au sud).
La rénovation urbaine de la capitale entreprise sous le Second Empire permet à la ville de s'adapter aux nécessités de la circulation des hommes et des marchandises. À vrai dire, la nécessité de réaliser des percées était apparue à l'administration avant qu'Haussmann ne les systématise : celle qu'a exécutée, sous la monarchie de Juillet, le préfet Rambuteau (elle porte son nom) témoigne de cette prise de conscience.
Le remodelage de la capitale s'accompagne de préoccupations esthétiques. Ainsi que l'écrit Haussmann dans ses *Mémoires* : « Je n'ai jamais arrêté le tracé d'une voie quelconque, et à plus forte raison d'une artère principale de Paris, sans me préoccuper du point de vue qu'on pouvait lui donner. » C'est pour cette raison que le tribunal de Commerce fut surmonté d'un dôme situé non pas au centre de l'édifice mais déporté par rapport à celui-ci, afin de se présenter dans l'axe du boulevard de Sébastopol. La fontaine du Palmier se trouvait, pour sa part, dans l'axe de la rue Saint-Denis ; elle fut donc déplacée de quelques mètres et se dresse désormais à la fois au centre de la place du Châtelet et dans l'axe du pont au Change. De l'autre côté de l'île de la Cité, enfin, la fontaine Saint-Michel (1856), au sud de la Seine, définit une perspective, à l'intersection du boulevard Saint-Michel et de la rue Danton.

7. a. faux. b. vrai. c. vrai. d. faux.
Les colonnes Morris doivent leur nom à l'imprimeur qui, le premier, obtint leur concession sous le Second Empire. Dessinées par Davioud, elles font la promotion des spectacles parisiens.
Le siège de la ville par les Prussiens – et la destruction d'aqueducs en région parisienne – a désorganisé la distribution de l'eau. Le philanthrope anglais sir Richard Wallace, soucieux de la santé des classes populaires jugées trop sujettes à l'alcoolisme, décide de financer des centaines de fontaines dans la capitale : il en conçoit lui-même les différents modèles.

Le ramassage des ordures et leur collecte sont une vieille préoccupation de l'administration parisienne. Par l'arrêté du 7 mars 1884, le préfet de la Seine Eugène Poubelle (1883-1896) oblige les propriétaires à tenir à la disposition des locataires des récipients à couvercle, dont la capacité est réglementée, et il organise en principe (déjà...) le tri des déchets. Les Parisiens ne tardent pas à donner le nom du haut fonctionnaire à ces récipients qui rencontrent cependant des résistances : celles des propriétaires peu désireux de devoir financer l'entreprise, des concierges à qui échoient de nouvelles tâches, des chiffonniers qui perdent là des revenus... Il faudra du temps pour que l'hygiène l'emporte.
Quant aux vespasiennes, qui doivent leur nom à l'empereur romain Vespasien, elles ont lentement disparu après la Seconde Guerre mondiale, victimes d'une mauvaise réputation. En 1980, le conseil municipal décide la suppression de la gratuité des toilettes publiques : JC Decaux installe ses premières « sanisettes ». Dernier acte récent de ces tribulations hygiéniques : celles-ci ont renoué récemment avec le principe de la gratuité.

8. Les intrus : **Jardin des Plantes** et **parc de Bagatelle**.
Originellement « Jardin royal des herbes médicinales » créé sous Louis XIII, le Jardin des Plantes, dévolu à la science, est rapidement devenu aussi un lieu de promenade pour les Parisiens qui pourront y visiter, à partir de 1793, la nouvelle ménagerie abritant les animaux transférés de celle de Versailles. Le parc de Bagatelle sert, quant à lui, d'écrin à une « folie[1] » édifiée en quelques semaines par le comte d'Artois au début du règne de Louis XVI.
Il revient à Napoléon III, à Haussmann et à leurs collaborateurs d'avoir multiplié parcs et squares et aménagé les deux bois de Boulogne et de Vincennes. Le Tout-Paris gagnait le premier par l'avenue de l'Impératrice (aujourd'hui avenue Foch), exhibant équipage et toilettes ; les classes populaires investissaient le second en fin de semaine. Bois, parcs, allées plantées suscitent un mobilier urbain (belvédères, kiosques, bancs, grilles de protection des arbres, arceaux bornant les pelouses) qui, au-delà de quelques modifications, s'est renouvelé jusqu'à aujourd'hui, contribuant à donner son unité et son identité à la capitale. Pour l'essentiel, c'est l'œuvre de Gabriel Davioud.

1. Riche maison de plaisance.

9. a. vrai. b. 37 mètres. C. la ZAC Rive gauche.
L'aspect des façades comme leur élévation font l'objet de réglementations d'architecture et d'urbanisme. Depuis des siècles, toute saillie était interdite en façade. Les rues de la capitale étaient, il est vrai, fort étroites sous l'Ancien Régime. En 1882, les bow-windows sont autorisés, à condition qu'ils soient en bois ou en fer (ils doivent être démontables). À partir de 1893, ils peuvent être en pierre, mais c'est la loi de 1902 qui permet véritablement, à l'heure de l'Art nouveau, leur extension et l'ondulation des façades.
Le plan local d'urbanisme de 2006 interdit, sauf dérogation, une élévation à plus de 25 mètres dans les quartiers centraux, à plus de 31 mètres – avec un maximum localement prévu à 37 mètres – dans les arrondissements périphériques.
Valéry Giscard d'Estaing a mis fin, dès le début de son mandat, à l'urbanisme de gratte-ciel dont la tour Montparnasse (1973), qui domine Paris à quelque 210 mètres, s'offre comme l'emblème contesté. La tour Zamansky s'élève pour sa part à 85 mètres. Quant aux immeubles du Front de Seine, ou des Olympiades, ils caractérisent bien l'urbanisme des années 1960-1970 : renoncement à l'alignement des façades sur rue, dalle piétonnière et circulation automobile en sous-sol. Au contraire, l'aménagement récent de la ZAC Rive gauche marque le retour à une certaine tradition urbaine.

10. le fait de ne conserver d'un bâtiment que sa façade et d'en modifier tout l'espace intérieur.
Jusqu'à nouvel ordre, ni tours ni barres désormais dans Paris intra-muros ; un retour à l'alignement des façades sur la rue, un désir de conjuguer logements, bureaux, commerces et jardins dans un même espace. Les architectes contemporains, et avec eux les édiles, paraissent renoncer à certaines utopies urbanistiques, non sans cultiver parfois la tradition jusqu'à la nostalgie. Il arrive que le façadisme témoigne jusqu'à la caricature de ce fétichisme du passé qui ne veut plus voir dans la ville qu'un musée intouchable et sacré.

3

Miroir, mon beau miroir

Paris, espace politique

« Paris est la patrie commune à tout le royaume. » La vieille devise médiévale suffirait à justifier l'extrême soin de tous les régimes et de tous les hommes de pouvoir à orchestrer leur propagande dans la capitale. Les monarques s'exhibent en chair et en pierre avant que les républicains à leur tour ne se statufient et ne se panthéonisent ; on ordonne des cortèges, on déplace les foules pour une cérémonie, on se livre à de curieuses querelles pour baptiser et débaptiser les rues... Contre vents d'émeutes et marées révolutionnaires, Paris s'impose obstinément comme miroir du prince...

1. En janvier 1378, le roi Charles V reçoit à Paris l'empereur Charles IV. Un banquet est donné dans l'une des plus grandes salles publiques d'Europe. De cette salle qui était ornée des statues des rois, peintes d'or et d'azur, il ne reste rien. Mais il subsiste aujourd'hui la salle des Gardes qui se trouvait à l'étage inférieur. Il s'agit de :

❑ la Grande Salle du palais de la Cité
❑ la Grande Salle du Louvre

Un indice : cette Grande Salle, reconstruite depuis plusieurs fois, a aujourd'hui pour nom la salle des Pas-Perdus.

2.

Mon premier peut se faire rond.
Mon second qualifie la lame de l'habile escrimeur.
Mon tout est une place qui pointe sur le plus vieux pont de Paris.

3. Attribuez à son roi chacune des places royales suivantes en traçant les bons liens (attention : on leur donne ici leur nom actuel) :

Place Vendôme	•	• Louis XIV
Place de la Concorde	•	• Louis XV
Place des Victoires	•	

4. L'une de ces places n'a jamais existé. Chassez l'intruse : place du Trône – place de France – place de la République – place de la Nation

5. Tournois, carrousels, défilés, feux d'artifice : le pouvoir aime à organiser des cérémonies qui, en retour, le donnent en spectacle. Les affirmations suivantes sont-elles vraies ou fausses ?
a. En 1662, le jeune Louis XIV et plusieurs grands noms du royaume caracolent à cheval dans les rues de Paris avant de se livrer à un véritable ballet équestre devant les Tuileries. Le roi est déguisé en « empereur des Romains », avec le soleil pour emblème sur son bouclier.
b. Le feu d'artifice donné le 29 mai 1770 place Louis-XV, à l'occasion du mariage du futur Louis XVI et de Marie-Antoinette, a fait 132 morts.
c. Le cérémonial des funérailles nationales s'impose au XIXe siècle comme un grand moment de pédagogie républicaine. Au printemps 1885, un immense cortège accompagne Victor Hugo depuis son domicile jusqu'au cimetière du Père-Lachaise.

6. Londres avait organisé la première Exposition universelle en 1851. Il fallait que Paris eût la sienne. C'est chose faite dès 1855. Et la République perpétue cette pratique inaugurée sous le Second Empire. Attribuez aux Expositions universelles suivantes leur monument emblématique.

tour Eiffel	•	• 1878
palais du Trocadéro	•	• 1889
Grand et Petit Palais	•	• 1900

7. Une statue dorée de Minerve. Un zoo. Un temple bouddhique. Un édifice Art déco. Un aquarium. Tels sont les vestiges d'un événement parisien de 1931 qui draina des millions de visiteurs. De quoi s'agit-il ?
Une anagramme pour vous aider : O IL EXPLOITA SON ICONE

8. Soucieuse de s'enraciner et de célébrer ses grands hommes, la République multiplie les statues de ses fondateurs. Lequel des trois n'a pas eu la sienne ?
❑ Adolphe Thiers ❑ Léon Gambetta ❑ Jules Ferry

9. Pendant la Révolution française, la place Louis-XV devient place de la Révolution... Soyez un bon citoyen et rebaptisez les rues suivantes comme elles l'ont été sous la Révolution :
a. La rue des Francs-Bourgeois devient la rue... des Francs-Citoyens / des Français-Libres.
b. La place du Parvis-Notre-Dame devient la place... de la Fraternité / de la Raison.
c. La rue Madame devient la rue... des Citoyennes/des Sans-Culottes.

10. Depuis Georges Pompidou, les présidents de la Ve République ont attaché leur nom à des grands travaux dans la capitale. Saurez-vous attribuer aux réalisations suivantes leur(s) architecte(s) en traçant les bons liens ?

Ieoh Ming Pei	•	•	Centre Georges-Pompidou (Beaubourg)
Renzo Piano et Richard Rogers	•	•	Très Grande Bibliothèque
Johann Otto von Spreckelsen	•	•	pyramide du Louvre
Dominique Perrault	•	•	Grande Arche de la Défense

Réponses

1. la Grande Salle du palais de la Cité.
Réaménagée par Philippe IV le Bel, elle célèbre la continuité dynastique à travers les statues des rois qui ont toutes un visage identique. La salle des Pas-Perdus du Palais de Justice conserve les mêmes dimensions.
La visite de l'empereur a donné lieu à un protocole savamment pensé. Après avoir visité les tombes royales de l'abbaye de Saint-Denis, Charles IV a quitté sa litière à La Chapelle pour monter un cheval brun (la couleur impériale est le blanc mais le roi de France entend être « empereur en son royaume »). À mi-chemin de Paris et de La Chapelle, les deux souverains se rencontrent. Commence alors le cortège solennel, conforme à la liturgie des « entrées royales », qui les mène par la rue Saint-Denis jusqu'au palais de la Cité. Charles V est vêtu d'un manteau d'écarlate vermeille fourré d'hermine. Sa noblesse l'escorte, soigneusement ordonnée. Dans les jours qui suivent, le roi fera visiter à son hôte ses résidences luxueusement aménagées.

2. Place Dauphine (dos – fine).
Le pont Neuf – aujourd'hui le plus vieux pont de Paris – avait été commencé sous Henri III. Il est achevé en 1606. Aucune maison ne vient perturber la circulation ni la vue sur la nouvelle galerie, dite du bord de l'eau, qui relie le palais du Louvre aux Tuileries. Les travaux de la place Dauphine ne s'achèvent qu'après la mort d'Henri IV. Ce programme architectural se caractérise par l'homogénéité des façades de brique et de pierre élevées sur trois niveaux. La place ouvre sur le pont que flanque une esplanade où se dresse la statue équestre du roi, commandée par Marie de Médicis qui s'inspire des modèles italiens.
Autre programme, celui de la place Royale, appelée depuis place des Vosges. Henri IV décide l'implantation d'une manufacture de tissus côté nord, doublée d'une place ornée de pavillons identiques, avec galerie à arcades au rez-de-chaussée. La manufacture fait long feu mais la place y gagne en harmonie. En 1639, la statue équestre de Louis XIII est érigée au centre de ce bel ensemble architectural, alors l'un des plus courus de la capitale.

3.
place Vendôme → **Louis XIV**
place de la Concorde → **Louis XV**
place des Victoires → **Louis XIV**

Dessinée par Jules Hardouin-Mansart, la place des Victoires, illuminée la nuit, avait pour vocation de servir d'écrin à une statue de Louis XIV au pied duquel étaient agenouillés quatre esclaves. Le plan de la place Vendôme (originellement place Louis-le-Grand), conçu également par Hardouin-Mansart, est un carré à pans coupés : une statue équestre de Louis XIV vêtu à l'antique se dressait en son centre.
Tout autre est la place de la Concorde (anciennement place Louis-XV). Seuls deux bâtiments la bordent côté nord : il s'agit de ne pas faire écran à la perspective des Champs-Élysées. La place, ornée à l'origine de la statue équestre de Louis XV par Bouchardon, rend hommage au roi tout en ouvrant la capitale vers l'ouest.
Lors de la Révolution, toutes les statues qui ornaient les places royales ont été mises à bas. La Restauration s'emploiera à les remplacer (ainsi sur le pont Neuf, place des Vosges ou place des Victoires).

4. place de France.
Cette place n'a jamais vu le jour mais le roi Henri IV en avait projeté la réalisation : ambitieux projet que celui de cette place semi-circulaire, adossée à la muraille de Charles V, ouvrant sur huit rues en éventail qui devaient porter chacune un nom de province française. Les pavillons la bordant auraient dû abriter l'administration royale.
La place du Trône a, quant à elle, longtemps gardé le souvenir de la très solennelle « entrée royale » de Louis XIV et de sa jeune épouse Marie-Thérèse, le 26 août 1660 : la journée avait commencé là, au seuil du faubourg Saint-Antoine, par le défilé des corps constitués de la Ville venus rendre hommage au souverain, assis sur un trône surmontant dix-huit marches. Les révolutionnaires rebaptiseront l'endroit qui devient ainsi... la place du Trône-Renversé, avant de prendre plus tard le nom de place de la Nation et de s'orner d'un monument allégorique salué le jour de son inauguration par une foule immense.
La place de la République, ainsi baptisée en 1879, devient un lieu emblématique du nouveau régime. C'est ici qu'à l'occasion de la première célébration officielle de la fête nationale, en 1880, est présentée au public la maquette du monument dédié à la République qui sera inauguré trois ans plus tard, jour pour jour, le 14 juillet 1883. C'est ici encore que le général de Gaulle, le 4 septembre 1958, choisit de présenter la nouvelle Constitution aux Français.

5.

a. vrai.

Le carrousel de 1662 – une joute équestre métamorphosée en ballet – fut une grande fête à la gloire du roi : cinq équipes de nobles concoururent à cette parade ; elles portaient respectivement des costumes romains, perses, turcs, indiens et américains. L'éclat de ce spectacle, qui dura deux jours, se perpétue dans le nom donné au lieu où il se tint : place du Carrousel.

b. vrai.

Ce jour-là, la jeune reine devait entrer pour la première fois dans Paris. La rumeur du drame qui se jouait sur la place lui imposa de faire demi-tour.

c. faux.

Après avoir été exposée sous l'Arc de Triomphe, la dépouille de Victor Hugo fut déposée au Panthéon, qui retrouve pour l'occasion sa fonction de lieu du culte rendu aux grands hommes.

6.

tour Eiffel	**1889**
palais du Trocadéro	**1878**
Grand et Petit Palais	**1900**

Sur la colline de Chaillot, l'architecte Davioud édifie le palais du Trocadéro pour l'exposition de 1878 : il s'agissait d'une rotonde à colonnes, hérissée de deux minarets, destinée aux concerts et aux congrès. Il sera détruit en 1935 pour faire place à l'actuel palais de Chaillot.

Faut-il présenter la tour de M. Eiffel, clou d'une Exposition où le métal est roi ? Elle surplombait alors, à l'autre bout du Champ-de-Mars, un gigantesque mais éphémère palais des Machines.

Les Grand et Petit Palais sont construits à l'occasion de l'Exposition de 1900, ainsi que la gare d'Orsay – aujourd'hui transformée en musée – et celle des Invalides, qui ont toutes deux pour vocation d'acheminer les visiteurs jusqu'au cœur de la capitale. On sait que la première ligne de métro est inaugurée pour la même occasion... mais avec quelques mois de retard.

7. Exposition coloniale.

Pour abriter l'Exposition, inaugurée en mai 1931, il a fallu réaliser, en quelques mois, une vaste cité éphémère (six kilomètres sur trois kilomètres et demi) et prolonger le métro. Pagodes du Laos, grandes huttes du Togo ou du Cameroun, porte de Bab al-Mansur de Meknès et reconstruction du temple d'Angkor Vat : les visiteurs découvrent les richesses de l'Empire français. C'est un peu l'apogée de l'ère coloniale mais, en octobre, une contre-exposition organisée à l'instigation de la CGTU[1] (« La vérité sur les colonies ») dénonce les crimes de la colonisation. Le bâtiment Art déco qui, pendant longtemps, fut le musée des Arts africains et océaniens, abrite désormais la *Cité nationale de l'histoire de l'Immigration*.

8. Adolphe Thiers.
À Paris, l'homme qui a ordonné la répression de la Commune ne trouve sa postérité que dans une petite rue portant son nom dans le XVIe arrondissement. Le monument imposant élevé à Gambetta se dressait, pour sa part, devant le Louvre, jusqu'à la Seconde Guerre mondiale. Il fut démantelé sous Vichy. Ses restes mutilés ont été finalement placés derrière la mairie du XXe arrondissement, à Belleville, dont Gambetta avait été l'élu. Jules Ferry demeure dans le jardin des Tuileries. On peut parler de statuomanie : rien de moins que 150 statues auront été élevées à Paris entre 1870 et 1914 !

9. a. des Francs-Citoyens. b. de la Raison. c. des Citoyennes.
Il s'agit d'abord et surtout d'éliminer les noms des souverains et des membres de la famille royale ; il s'agit aussi d'effacer tout ce qui évoque la religion (notamment tous les « saints »). La Révolution leur substitue des concepts (*Égalité, Fraternité,* mais aussi *Liberté, Fidélité, Loi*) ; elle rend hommage à ses grands hommes (Hébert, Marat) comme aux Sans-Culottes (ainsi la rue Guisarde devient rue des Sans-Culottes).

10.

Ieoh Ming Pei	**pyramide du Louvre**
Renzo Piano et Richard Rogers	**Centre Georges-Pompidou (Beaubourg)**
Johann Otto von Spreckelsen	**Grande Arche de la Défense**
Dominique Perrault	**Très Grande Bibliothèque**

Georges Pompidou a fondé le centre qui porte son nom dans le quartier Beaubourg. Valéry Giscard d'Estaing fut l'arbitre du projet du musée d'Orsay. François Mitterrand décida de la construction du ministère des Finances à Bercy, de l'Opéra-Bastille,

1. Confédération générale du travail unitaire.

de la Très Grande Bibliothèque ou de la Grande Arche de la Défense. Le musée du quai Branly est né de la volonté de Jacques Chirac. Certains projets ont suscité la polémique, ainsi qu'en témoigne le surnom de « Tonton-khamon » attribué par *Le Canard enchaîné* à François Mitterrand, au plus fort de la campagne dénonçant la pyramide de Pei.

4

Servitude et grandeur militaires

Paris, temple de la gloire

Plus que toute autre ville française, Paris reflète les heurs et malheurs de l'histoire nationale. On y célèbre triomphalement les victoires ; les moments noirs de la défaite y laissent des cicatrices cuisantes. Les édifices élevés à la gloire des souverains y côtoient les monuments commémoratifs ; les cérémonies militaires y exaltent la patrie et rendent hommage aux victimes de la guerre. Les noms de rue eux-mêmes font un peu de la capitale une galerie des batailles.

1. Philippe Auguste, Charles V et Thiers ont un point commun. Lequel ?
a. Ils ont fortifié Paris.
b. Ils ont élevé des arcs de triomphe dans la capitale.
c. Ils ont édifié des monuments dédiés à l'armée.

2. Les indices suivants doivent vous permettre d'identifier un mot qui désigne un lieu parisien qui fut longtemps à la mode : cafés – cours planté – promenade – théâtres – Louis XIV – porte Saint-Denis
Pour vous aider, voici une anagramme du terme que vous devez trouver : VAL BURE DOS

3. Pour identifier un monument parisien, il vous faut résoudre cette charade :
Où passe le chef de mon premier, l'herbe ne repousse pas.
Mon second peut mener à Orly.
En mars, mon troisième fut fatal à César.
Mon tout est à la fois un hôpital et un cimetière VIP.

4. La référence à l'Antiquité romaine est une constante de la pensée napoléonienne : on comprend donc que les grands monuments emblématiques du règne aient été les colonnes et les arcs.
A. Parmi ces trois colonnes, laquelle est surmontée d'une statue de Napoléon ?
❑ la colonne Vendôme
❑ la colonne de la Concorde
❑ la colonne de la fontaine du Palmier
B. Lequel de ces deux arcs de triomphe, qui rythment aujourd'hui le grand axe est-ouest de Paris, Napoléon n'a-t-il pas pu voir ?
❑ l'arc de triomphe de l'Étoile ❑ l'arc de triomphe du Carrousel

5. Napoléon aurait voulu faire de l'un de ces monuments un temple de la gloire, avec cette dédicace : « L'Empereur Napoléon aux soldats de la Grande Armée » :
❑ la Madeleine ❑ le palais Brongniart
❑ le Palais-Bourbon ❑ l'École militaire

6. Où se trouve le tombeau de Napoléon ?
A. ❑ Invalides ❑ École militaire
B. Depuis quand et dans quel contexte ?
a. 1821 : les Anglais préfèrent restituer le corps à la France de peur que Sainte-Hélène ne devienne un lieu de pèlerinage.
b. 1840 : Louis-Philippe entend tirer profit de la légende impériale.
c. 1852 : Louis Napoléon Bonaparte négocie et obtient le retour des cendres de son oncle.

7. Il symbolise la force et le courage ; à plus d'un titre le lion a droit de cité dans la capitale. Mais où donc précisément ? Rayez la ou les mention(s) inutile(s).
place Denfert-Rochereau – place de la Bastille – place de la République – place de la Nation – place du Châtelet

8. Il est peu de discours aussi célèbres que celui du général de Gaulle à l'Hôtel de Ville le 25 août 1944. Vous ne manquerez donc pas de le remettre dans l'ordre en numérotant chacun des éléments suivants.

Paris martyrisé !
Paris outragé !
avec l'appui et le concours de la France tout entière,
Paris !

mais Paris libéré !
de la France qui se bat, de la seule France...
Paris brisé !
libéré par son peuple avec le concours des armées de la France,
libéré par lui-même,

9. À l'ombre de l'Arc de Triomphe se trouve la tombe du Soldat inconnu. Savez-vous quand eut lieu cette inhumation solennelle ?

❑ 11 novembre 1918 ❑ 14 juillet 1919
❑ 28 janvier 1921 ❑ 11 novembre 1928

Réponses

1. a. Ils ont fortifié Paris.
La première enceinte gallo-romaine a été construite au IVe siècle, à l'époque des invasions barbares : elle protégeait l'île de la Cité. Vers l'an mille est édifiée une nouvelle muraille sur la rive droite afin de protéger les quartiers qui s'y sont développés depuis les invasions normandes. Deux siècles plus tard, au moment de quitter sa capitale pour la croisade, Philippe Auguste décide de fortifier Paris à la fois sur sa rive droite et sur sa rive gauche. Il a fallu environ vingt-cinq ans pour édifier ce mur de 8 à 10 mètres de haut. La guerre de Cent Ans exige de nouveaux travaux : sur la rive gauche, seuls quelques réaménagements du mur de Philippe Auguste sont ordonnés ; sur la rive droite, Charles V ordonne d'enclore les faubourgs récemment développés. Au XVIIe siècle, la puissance de feu de l'artillerie exige l'aménagement d'une enceinte bastionnée : la muraille est donc remaniée tandis qu'à l'ouest une nouvelle enceinte intègre les quartiers qui se sont développés au nord du Louvre et des Tuileries. Reste l'enceinte de Thiers, édifiée de 1840 à 1846. Ce long rempart se situe alors bien au-delà des limites administratives de la capitale puisqu'il intègre les communes périphériques (Belleville, Les Batignolles ou Montmartre, Auteuil, Vaugirard ou Grenelle, etc.). C'est pour desservir cette enceinte qu'a été réalisé un chemin de fer de ceinture dont le tracé existe encore aujourd'hui.

2. Boulevards.
Louis XIV a pris la décision de démanteler l'enceinte de Charles V : une façon de signifier la mise au pas d'une capitale qui avait connu vingt ans plus tôt les désordres de la Fronde, une manière aussi d'entériner l'accroissement de la ville dont les faubourgs ont connu un important développement. Là où s'élevaient jusqu'alors les fortifications, un long cours planté d'arbres, flanqué de contre-allées s'offre désormais aux Parisiens comme lieu de promenade. D'un côté, on y découvre la ville, de l'autre s'étendent les coteaux de Belleville, de Ménilmontant ou de Montmartre. Deux arcs de triomphe à la gloire du roi ornent les portes Saint-Denis et Saint-Martin afin de marquer solennellement l'entrée de Paris. Les boulevards deviennent un lieu très fréquenté. Cafés et théâtres – on parlera au XIXe siècle du « théâtre de boulevard » pour désigner les comédies divertissantes qui y

sont représentées – drainent une population en quête de distractions.

3. Invalides (Huns – VAL – Ides).
Édifié à l'instigation de Louis XIV qui confie l'entreprise à Libéral Bruant, l'hôtel des Invalides est destiné aux soldats blessés ou à la retraite. La vie des 5 000 à 7 000 pensionnaires s'y trouvait rigoureusement rythmée selon une stricte discipline. Chef-d'œuvre de cet ensemble, l'église Saint-Louis des Invalides, de Jules-Hardouin Mansart, se compose de deux parties bien distinctes : d'un côté, l'église des Soldats, une triple nef ornée de drapeaux pris à l'ennemi, avec dans les caveaux, les sépultures des maréchaux de France ; de l'autre, sous le dôme, le sanctuaire royal en forme de croix grecque. Deux frères de Napoléon Ier et les maréchaux Foch et Lyautey y reposent, aux côtés de la dépouille de Turenne et de l'urne renfermant le cœur de Vauban. C'est ici que fut creusée, au milieu du XIXe siècle, la crypte destinée à abriter le mausolée impérial.

4. A. la colonne Vendôme.
Réalisée avec le bronze des canons pris à l'ennemi, elle commémore la campagne d'Austerlitz. Une statue de Napoléon, en *imperator*, tenant à la main une Victoire sculptée, la surmonte : l'original a été abattu à la chute de Napoléon ; sa réplique date du Second Empire.
Place du Châtelet, la colonne de la fontaine du Palmier est, quant à elle, surmontée d'une Victoire (ou une Immortalité) tenant des couronnes de lauriers dans les mains.
Il n'y a pas de colonne place de la Concorde...

B. l'arc de triomphe de l'Étoile.
Sous l'Empire, seules ses bases ont été réalisées. Il reviendra au roi Louis-Philippe de l'achever, après avoir défini un programme sculpté rendant hommage aux armées de la Révolution et de l'Empire.
L'arc de triomphe du Carrousel (1806-1808) commémore la campagne d'Autriche. Originellement, il portait les quatre chevaux qui avaient orné jusqu'alors la basilique Saint-Marc à Venise. Après la chute de Napoléon, un nouveau quadrige prend place, qui porte une allégorie de la Paix.

5. la Madeleine.
En décembre 1806, Napoléon décrète que cette église, commencée sous Louis XV, serait achevée sous la forme d'un monument

dédié à la Grande Armée. Les noms de tous les soldats des campagnes d'Autriche et d'Allemagne seraient inscrits sur des plaques de marbre, les morts auraient quant à eux droit à des tables d'or massif. Afin de créer un effet de symétrie entre cet édifice et le Palais-Bourbon, où siège le Corps législatif, il est décidé de donner à ce dernier une nouvelle façade à colonnes côté Seine.

6. A. Invalides.
L'église Saint-Louis fut réaménagée pour la circonstance puisqu'il fallut creuser une crypte, sous la voûte de Jules-Hardouin Mansart. Pendant son exil à Sainte-Hélène, Napoléon avait exprimé le vœu d'être inhumé à Paris (« Que mes cendres reposent sur les bords de la Seine, au milieu de ce peuple que j'ai tant aimé »).
B. b. 1840 : Louis-Philippe entend tirer profit de la légende impériale.
C'est Louis-Philippe qui a décidé de ramener la dépouille impériale dans la capitale. Une façon de tirer parti de la légende impériale en flattant l'orgueil national. Des omnibus ont été affrétés tout spécialement, qui portent pour inscription : « Funérailles de Napoléon aux Invalides », et la foule est immense en ce jour froid de décembre. Après s'être arrêté sous l'Arc de Triomphe, le char funèbre de onze mètres de haut, portant un gigantesque cénotaphe d'ébène, a descendu l'avenue des Champs-Élysées, passé la Seine devant la Chambre des députés et rejoint la cour d'honneur des Invalides.

7. Il fallait rayer **place du Châtelet**.
À la Bastille, le lion veille au pied de la colonne de Juillet (certains ont voulu y voir une allusion zodiacale, la révolution de 1830 s'étant tenue à la fin du mois de juillet...). Place de la République, le lion de bronze se tient au-dessous de l'allégorie de la *République* (bouclier au côté, elle est coiffée d'un bonnet phrygien et porte un rameau d'olivier à la main) : symbole de la force du peuple, il se dresse fièrement, avec à son pied l'urne du suffrage universel. Place de la Nation, deux lions tirent le char de la *République*, guidé par le génie de la Liberté. Place Denfert-Rochereau, enfin, l'animal se tient seul, colossal : il témoigne de la résistance héroïque de Belfort pendant la guerre franco-prussienne de 1870, qui dut à la ville d'échapper à l'annexion allemande et de constituer désormais le « Territoire de Belfort ». Cette sculpture est la copie réduite de celle que Bartholdi réalisa contre la falaise qui domine la ville alsacienne.

8. « Paris ! Paris outragé ! Paris brisé ! Paris martyrisé ! mais Paris libéré ! libéré par lui-même, libéré par son peuple avec le concours des armées de la France, avec l'appui et le concours de la France tout entière, de la France qui se bat, de la seule France... »
Lorsqu'il est entré dans la capitale ce jour-là, le général de Gaulle, après être allé à la gare Montparnasse (le résistant communiste Rol-Tanguy vient d'y apposer sa signature à l'acte de capitulation de von Choltitz), s'est rendu au ministère de la Guerre où, en 1940, il était sous-secrétaire d'État. Il s'en expliquera plus tard : « Ce n'était point que je n'eusse hâte de prendre contact avec les chefs de l'insurrection parisienne. Mais je voulais qu'il fût établi que l'État, après les épreuves qui n'avaient pu ni le détruire ni l'asservir, rentrait d'abord tout simplement chez lui. » On sait qu'au balcon de l'Hôtel de Ville il se refusa à proclamer la République : « La République n'a jamais cessé d'être. [...] Pourquoi irais-je la proclamer ? »
Le lendemain 26 août, c'est la fameuse descente des Champs-Élysées qui, pour le Général, s'offre comme un véritable sacre. Il l'avait annoncé : « Le défilé fera l'unité politique de la nation. »

9. 28 janvier 1921.
La mémoire de la Première Guerre mondiale s'est essentiellement fixée sur l'Arc de Triomphe, sous la voûte duquel défile l'armée des vainqueurs, le 14 juillet 1919. Le 11 novembre 1920 est déposé dans l'une des salles de l'Arc le cercueil du Soldat inconnu : son inhumation solennelle a lieu le 28 janvier 1921. Le 11 novembre 1923, le ministre de la Guerre André Maginot allume la Flamme du souvenir, quotidiennement ravivée depuis. En 1846, l'historien Michelet définissait ainsi ce qui, à ses yeux, représentait le premier devoir d'un père à l'égard de son fils : « Il le mène de Notre-Dame au Louvre, aux Tuileries, vers l'Arc de Triomphe. D'un toit, d'une terrasse, il lui montre le peuple, l'armée qui passe, les baïonnettes frémissantes, le drapeau tricolore... » En filigrane se dessinait déjà le grand axe triomphal est-ouest de Paris appelé à s'imposer comme le lieu des défilés militaires, comme une incarnation de la République.

5

Chacun cherche son toit

Habiter la capitale

L'habitat parisien est à la mesure de la diversité de la capitale : les vieilles « maisons à loyers » de l'Ancien Régime côtoient les immeubles haussmanniens ; aux hôtels particuliers de l'aristocratie font écho les villas cossues du XVIe arrondissement ; d'anciennes maisons ouvrières transformées par quelque « bobo » soignant un jardinet se cachent entre deux HLM de brique, ou à l'ombre des tours du XIIIe arrondissement.

1. Au petit jeu qui consiste à identifier la plus vieille maison de Paris, on court le risque de se tromper… Pendant longtemps, on a cru qu'il s'agissait d'une maison à pans de bois sise au 3, rue Volta (IIIe arr.), en fait construite au milieu du XVIIe siècle. Aujourd'hui, il semblerait que ce soit une maison en pierre édifiée en 1407 (51, rue de Montmorency, IIIe arr.).

a. Son ancien propriétaire n'est pas un inconnu. Savez-vous de qui il s'agit ?

❑ Nicolas Flamel ❑ le duc Louis d'Orléans

❑ le duc de Bourgogne Jean sans Peur

b. Aux XVIIe et XVIIIe siècles, la capitale comprenait plus de propriétaires que de locataires. Vrai ou faux ?

2. Les hôtels particuliers construits entre les XVIe et XVIIIe siècles pour les élites de l'aristocratie et de la haute bourgeoise tendent à se concentrer dans quelques quartiers parisiens. Saurez-vous en trouver trois dans la liste suivante ?

Marais – faubourg Saint-Germain – faubourg Saint-Honoré – Nouvelle-Athènes – plaine Monceau

3. Le XIXe siècle – celui de la révolution industrielle et des grands travaux haussmanniens – fut une époque d'intense immigration dans la capitale. Vers 1900, à peine plus d'un tiers de ses habitants y sont nés. Naissent des stéréotypes qui, au-delà de la caricature, traduisent une certaine réalité. À vous de les identifier.
a. Les maçons sont originaires :
❑ d'Alsace ❑ de la Creuse ❑ du Pays basque
b. Les bonnes débarquent à Paris :
❑ gare Saint-Lazare ❑ gare Montparnasse ❑ gare d'Austerlitz
c. Les chauffeurs de taxi sont :
❑ auvergnats ❑ savoyards ❑ picards

4. Les 3/5e environ des immeubles qui composent aujourd'hui la capitale ont été construits entre 1853 et la fin de la Première Guerre mondiale. On a pris l'habitude de les définir comme « haussmanniens ». Saurez-vous trouver les critères qui les caractérisent ?
❑ un balcon au deuxième étage
❑ un balcon au cinquième étage
❑ l'utilisation de la pierre de taille
❑ une toiture mansardée et percée de lucarnes
❑ la coexistence des différentes classes sociales
❑ la fréquence des chambres de bonne

5. L'empereur Napoléon III et le baron de Rothschild ont œuvré tous les deux pour une même cause. Savez-vous laquelle ?
Une anagramme pour vous aider : ALCOOL GISEMENT

6. À la périphérie de Paris, s'étendait un espace appelé la « zone ». De quoi s'agit-il ?
a. d'une zone déclarée inconstructible en avant du fossé de la fortification de Thiers
b. d'un lieu de promenade pour les Parisiens
c. d'un espace dévolu à l'habitat de fortune

7. Les quartiers parisiens ne peuvent se résumer à une image ou à un stéréotype. Au-delà des nuances nécessaires, démêlez le vrai du faux parmi les affirmations suivantes :
a. La Goutte d'Or est un quartier essentiellement maghrébin.
b. La Bastille est couramment considérée comme un exemple de quartier « bobo ».
c. Belleville peut toujours être regardé comme un quartier populaire.

Réponses

1. a. Nicolas Flamel. b. faux.
Nicolas Flamel et Pernelle, sa femme, ont fait bâtir cette maison à des fins charitables : elle hébergeait des pauvres. Jean sans Peur possédait, quant à lui, un superbe hôtel à proximité de l'enceinte de Charles V. Il en subsiste aujourd'hui le donjon, édifié par le duc en 1408, unique témoignage parisien de l'architecture militaire du XVe siècle.
Les demeures patriciennes sont alors en pierre. Mais, pour l'essentiel, dominent les maisons à pans de bois. À la suite de l'incendie de Londres, une ordonnance de 1667 imposera de recouvrir ces derniers de plâtre afin qu'ils puissent résister au feu.
Plus des deux tiers de la population parisienne sont locataires à la veille de la Révolution. On peut ajouter que 80 % des Parisiens habitent des appartements d'une à deux pièces.
La structure en appartements regroupant d'un seul tenant plusieurs pièces à usage précis (chambre, salon, etc.) n'était pas encore la règle au XVIIe siècle. Molière, dans son logis du Palais-Royal, disposait de deux pièces au premier étage, de deux autres au second. Lorsqu'il se rendait des unes aux autres, il devait traverser des pièces occupées par d'autres locataires... Quelques décennies plus tard, les appartements d'un seul tenant l'emportent.

2. Marais – faubourg Saint-Germain – faubourg Saint-Honoré.
Dès la fin du Moyen Âge, les familles nobles se sont fait construire des hôtels à proximité des résidences royales de Saint-Pol et des Tournelles. Au XVIe siècle, de nouvelles rues sont tracées, de nouveaux hôtels sont édifiés ; le quartier du Marais, qui s'impose alors comme un haut lieu de la résidence nobiliaire, connaît un véritable âge d'or au XVIIe siècle. On ne compte plus les luxueuses demeures qui s'élèvent, en retrait des désagréments de la rue, à l'abri d'un porche, le bâtiment principal s'ouvrant à la fois sur cour et sur jardin (hôtel de Sully, hôtel de Soubise, hôtel Carnavalet, etc.).
Dès le règne de Louis XIV cependant, et pour plusieurs décennies, le centre de gravité du Paris aristocratique tend à glisser vers l'ouest : vers le faubourg Saint-Germain (nombre des hôtels édifiés alors abritent aujourd'hui les ministères de la République)

et vers le faubourg Saint-Honoré (le palais de l'Élysée est une ancienne résidence de Mme de Pompadour).

Sise au nord de la rue Saint-Lazare, entre la rue La Rochefoucauld à l'ouest et Notre-Dame-de-Lorette et la place Saint-Georges à l'est, la Nouvelle-Athènes s'impose comme un quartier à la mode dans les années 1820-1830 : acteurs et peintres fixent ici leur demeure, à proximité des boulevards ; George Sand et Chopin habitent deux appartements voisins du square d'Orléans.

L'urbanisation de la plaine Monceau remonte au Second Empire : elle résulte de lotissements luxueux entrepris sous l'impulsion des frères Pereire. Autour du parc notamment, de somptueux hôtels particuliers sont édifiés sous Napoléon III et pendant la IIIe République.

3. a. de la Creuse. b. gare Montparnasse. c. savoyards.

Les grands travaux d'urbanisme exigeaient une main-d'œuvre considérable. Originaire de la Creuse, Martin Nadaud a raconté dans les *Mémoires de Léonard* comment, tout jeune, il a gagné Paris avec son père. Comme tant d'autres, il découvre alors l'épuisement des longues journées de travail sur les chantiers, les « garnis » souvent insalubres où l'on s'entasse pour dormir : les maçons du Limousin gagnaient ainsi chaque année la capitale pour plusieurs mois. Et certains finissaient par s'y installer. De la même facon, ce sont des Auvergnats qui ouvrent les boutiques de vin et charbon et nombre de cafés de la capitale.

En 1901, l'abbé Cadic constate : « C'est une mode, depuis quelques années, de voyager en Bretagne. C'est une mode aussi de s'en revenir avec une domestique bretonne. Elles sont si naïves les jeunes filles de là-bas, elles s'engagent à si bon compte... » Bécassine s'offrira comme l'archétype de ces domestiques arrivant gare Montparnasse.

En Savoie, le travail fait souvent défaut l'hiver. Nombreux sont donc les émigrés gagnant la capitale en quête d'un emploi. Parmi les métiers qu'ils vont exercer, celui de cocher puis de chauffeur. C'est ainsi que les habitants de la petite commune de Bessans, en Haute-Maurienne, ont d'abord conduit des fiacres avant de prendre, au début du XXe siècle, le volant d'un des taxis de la compagnie G7.

4. un balcon au deuxième étage, un balcon au cinquième étage, l'utilisation de la pierre de taille, une toiture mansardée et percée de lucarnes, la fréquence des chambres de bonne.

Tous les critères proposés sont donc exacts, à l'exception de la coexistence des classes sociales. En effet, les travaux d'Haussmann ont accentué fortement la ségrégation sociale dans la capitale. Jusqu'alors, on pouvait trouver dans un même immeuble, et *a fortiori* dans un même quartier, riches et pauvres, bourgeois et gens du peuple. L'augmentation des prix de l'immobilier et l'homogénéité dans un même immeuble des appartements ont raison de cette diversité. Il ne faut sans doute pas forcer le trait : au revers des grandes artères haussmanniennes, le vieux Paris avec ses vieilles maisons subsiste, et avec lui nombre de petites gens perpétuant leurs activités traditionnelles ; et dans les quartiers nouvellement annexés, la population vient souvent non du centre mais de la banlieue ou même de la province. Mais la tendance est bien au refoulement des classes populaires vers la périphérie urbaine, vers les arrondissements que l'annexion des faubourgs en 1860 a intégrés dans la capitale. Les clivages sociaux s'accusent donc et notamment celui qui oppose l'ouest bourgeois à l'est populaire. L'haussmannisation est aussi une mise en « ordre » de la capitale : les grandes avenues et les casernes disposées stratégiquement ont également pour vocation de mettre un terme au Paris des révolutions.
Pour ce qui concerne l'appartement haussmannien proprement dit, il peut être regardé comme une reproduction, en moins vaste, des principes organisateurs de la demeure aristocratique : la salle à manger et le salon sont disposés en enfilade comme autant d'espaces voués à la représentation ; à l'écart de la réception, se trouvent chambres, antichambres, tout ce qui relève de la partie privée de l'appartement. Maîtres et domestiques n'empruntent pas le même escalier.

5. logement social.
Lorsqu'il était président de la République, Louis Napoléon Bonaparte a pris l'initiative de la construction d'un immeuble collectif destiné à la population ouvrière (rue Rochechouart). Devenu empereur, il conçoit et finance des cités ouvrières dans la capitale. Le problème du logement reste cependant entier, accentué par l'arrivée massive d'immigrés provinciaux à la fin du XIXe siècle. La capitale souffre d'un manque chronique de logements et de l'insalubrité de ses immeubles, comme l'atteste une enquête de 1878 : « Partout on a constaté qu'un grand nombre des immeubles dans lesquels sont installés les garnis sont dans l'état le plus déplorable au point de vue de la salubrité ; l'humidité y est constante, l'aération et l'éclairage insuffisants, la

malpropreté sordide ; les logements sont souvent incomplètement protégés contre les intempéries des saisons [...]. » Il faudra pourtant longtemps pour que soient identifiés les fameux « îlots insalubres », plus encore pour qu'ils soient enfin détruits...

Dès le tournant du siècle, cependant, les initiatives philanthropiques privées se multiplient : la Fondation Rothschild finance des habitations à bon marché ; les architectes, imprégnés des idées hygiénistes, édifient des immeubles dont certains sont dotés de services collectifs (lavoirs, bains-douches, dispensaires). Amicie Lebaudy dispense, quant à elle, la fortune héritée de son mari à sa Fondation : en vingt ans, elle construit quelque 1 200 logements.

Peu avant la Première Guerre mondiale, l'initiative publique prend le relais : l'État et les municipalités s'engagent désormais. La municipalité parisienne commence par lancer un emprunt pour financer la construction de 26 000 logements et, en 1914, elle crée l'Office public d'HBM (habitations à bon marché). Pendant l'entre-deux-guerres – accéléré par la loi Loucheur de 1928, qui fait du logement social en France une priorité – est réalisé un vaste programme d'immeubles en brique, édifiés sur les terrains déclassés de l'ancienne fortification de Thiers. Outre cette ceinture d'habitations à bon marché, la ville se dote là de la Cité universitaire, de stades et de gymnases, d'hôpitaux et de lycées, de squares.

6. a. d'une zone déclarée inconstructible en avant du fossé de la fortification de Thiers, b. d'un lieu de promenade pour les Parisiens, c. d'un espace dévolu à l'habitat de fortune.
Les trois propositions sont donc exactes.

Il s'agit bien à l'origine d'une zone *non aedificandi* (non constructible) de 250 mètres, exigée par les nécessités de la défense : les canons de l'enceinte devaient pouvoir tirer... Très vite cependant, le lieu s'impose comme espace de récréation pour les Parisiens ; ils y fréquentent le dimanche buvettes temporaires, puces, foires et cirques. Mais la question du logement devient particulièrement difficile dans la capitale, à l'heure des grands travaux d'Haussmann : les plus pauvres vont s'entasser alors dans des baraques de fortune et des roulottes. C'est le temps des chiffonniers et autres « apaches ». La « zone » – peuplée peut-être de 30 000 habitants à la veille de la Première Guerre mondiale, de 40 000 dans les années 1920 – y gagne sa réputation de lieu dangereux et criminogène.

7. a. faux. b. vrai. c. vrai.
La Goutte d'Or (XVIIIe arrondissement, métro Barbès-Rochechouart) – le nom évoque le vignoble qui jadis occupait les pentes orientales de la butte Montmartre – fut effectivement longtemps un lieu d'immigration essentiellement maghrébine. Mais, depuis la fin du XXe siècle, s'y sont ajoutées les populations africaines, asiatiques et est-européennes, accentuant fortement le métissage de ce quartier qui s'offre comme l'un des plus cosmopolites de la capitale. Ce quartier en cours de réhabilitation (construction de logements sociaux) comprend aujourd'hui quelque 30 % d'immigrés (soit presque le double de la moyenne parisienne).
Longtemps artisanal et ouvrier, peuplé de petits ateliers déployés dans des cours perpendiculaires à la rue du Faubourg-Saint-Antoine, le quartier de la Bastille s'est métamorphosé ces vingt dernières années : nombre de bâtiments à vocation industrielle sont devenus des entreprises informatiques ou des lofts investis par les bourgeois bohème de la capitale. Les cafés et autres lieux de restauration branchée se sont multipliés dans des rues secondaires comme la rue de Lappe, avant que le centre de gravité des « bobos » ne poursuive sa quête de nouveaux lieux vers Oberkampf ou le canal Saint-Martin. Mais la diversité sociale du quartier demeure. En témoignent les noms de quelques-uns des personnages du film *Chacun cherche son chat* de Cédric Klapisch (Chloé, Djamel, Madame Renée, Michel, Carlos…) et les activités incarnées par d'autres : un photographe, un mannequin, un ouvrier ébéniste, un peintre, un batteur…
Belleville n'est sans doute plus tout à fait Belleville, l'exemple même du Paris populaire traditionnel avec son voisin Ménilmontant, chanté par Trenet. À l'aube du XXe siècle, la mortalité infantile était ici de 24,5 % quand elle était de 10 % dans le quartier des Champs-Élysées. C'était l'âge d'or de La Bellevilloise. Créée en décembre 1876, cette coopérative ouvrière comprenait deux dispensaires, une pharmacie et nombre de commerces, un patronage pour les enfants. De nos jours, ici aussi, l'embourgeoisement progresse. Mais la forte densité de logements sociaux (les locataires d'une HLM – environ un tiers des résidences principales – sont deux fois plus nombreux dans le XXe arrondissement que dans l'ensemble de la capitale) préserve plus qu'ailleurs la diversité sociale. Envers et contre tout, Belleville demeure donc un quartier populaire.

6

Auto, métro, vélo

Circuler à Paris

Embouteillages, bouchons, congestion, pollution : Paris, comme toutes les grandes villes, décline tout un vocabulaire de l'engorgement. Une vieille histoire sans doute puisque, voilà quatre siècles, Boileau dépeignait déjà les « embarras de Paris » et qu'à la veille de la Révolution la rue ne représentait guère moins de danger qu'aujourd'hui pour le piéton. Depuis lors, la ville s'est efforcée d'affronter la lancinante question de la circulation : d'abord en perçant de larges artères ou en organisant des transports en commun, aujourd'hui en luttant contre la reine automobile. Circulez, il y a tant à voir !

1. Invention et développement de la chaise à porteurs, essor des fiacres : le transport individuel de location prend son essor pendant le règne de Louis XIII. Savez-vous pourquoi on nomme *fiacres* les carrosses de louage ?
a. Leur créateur est originaire de Saint-Fiacre dans le Morbihan.
b. Le premier privilège royal fut accordé à monsieur Fiacre.
c. Les premières voitures furent remisées dans une maison à l'enseigne de saint Fiacre.

2. Au XVIIe siècle, on expérimente pour la première fois à Paris un mode de transport en commun. Lequel de ces trois hommes fut à l'origine du projet ?
❑ Louis XIV ❑ l'écrivain Voiture ❑ Pascal

3. Dans son *Tableau de Paris*, Sébastien Mercier écrit : « Dès qu'on est sur le pavé de Paris, on voit bien que le peuple n'y fait pas les lois : aucune commodité pour les gens de pied ; point

de............. Le peuple semble un corps séparé des autres ordres de l'État ; les riches et les grands qui ont équipage ont le droit barbare de l'écraser ou de le mutiler dans les rues ; cent victimes expirent par année sous les roues des voitures. »
a. Si vous n'avez pas trouvé le mot manquant, le voici sous forme d'anagramme : SORTIR TÔT
b. La charade suivante doit vous révéler dans quelle rue notre **a.** fut expérimenté pour la première fois :
Mon premier est liquide.
Mon deuxième s'en remet au hasard.
Mon troisième est personnel et indéfini.

4. Dans *Splendeurs et misères des courtisanes*, Balzac prête ces mots à un certain Carlos Herrera – derrière lequel se cache son célèbre personnage Vautrin : « On vient de lancer............., les Parisiens vont se prendre à cette nouveauté-là, dans trois mois nous triplerons nos fonds. »
Sachant que l'action du roman se déroule à la fin de la Restauration, sauriez-vous dire de quelle invention il s'agit ?
❑ les premiers omnibus à chevaux
❑ les premiers vélocipèdes
❑ les premiers coches d'eau à vapeur

5. Nombreux sont les Parisiens qui s'engouffrent quotidiennement dans l'une des bouches de métro, originellement dessinées par Guimard[1]. Mais que savez-vous exactement du métro ? Voici trois questions pour tester vos connaissances.
a. Paris fut la première ville européenne à se voir dotée d'un métro. Vrai ou faux ?
b. Les trois lignes suivantes ont été ouvertes en 1900. Laquelle fut la première ?
❑ Porte de Vincennes – Porte Maillot
❑ Étoile – Trocadéro
❑ Porte Dauphine – Étoile
c. De quand datent les premières portes automatiques sur les rames ?
❑ 1916 ❑ 1931 ❑ 1947

6. Le métropolitain a ses écrivains et ses musiciens. Aimez-vous les mélodies en sous-sol ?

1. Hector Guimard (1867-1942) fut l'un des architectes emblématiques de l'Art nouveau en France.

a. De cette strophe d'un poème de Pierre Béarn (*Couleurs d'usine*, 1951) provient une expression restée fameuse. Reconstituez-la en trouvant les mots qui manquent :

« Au déboulé garçon pointe ton numéro
Pour gagner ainsi le salaire
D'un morne jour utilitaire
M......, b......., bistro, mégots, d......, zéro »

b. Quelques mots extraits d'une chanson célèbre doivent vous aider à retrouver un métier disparu : des p'tits trous – Lilas – ciel de faïence – encore des p'tits trous.

c. En visite à Paris, elle n'a qu'un rêve, descendre dans le métro. Mais celui-ci est en grève. Elle s'appelle :

❑ Isa ❑ Zazie ❑ Véra

7. Les stations de métro aussi ont une histoire. Tracez les justes liens :

Arsenal	•	•	Cette station n'a jamais été ouverte
Berlin	•	•	S'est appelée d'abord Wilhem
Porte Molitor	•	•	A changé de nom en 1914
Église d'Auteuil	•	•	A fermé ses portes au début de la Seconde Guerre mondiale

8. En janvier 1949 naît la RATP. Saurez-vous, dans les affirmations suivantes, démêler le vrai du faux ?

a. RATP signifie Régie des autobus et des trains parisiens.
b. La numérotation des lignes d'autobus commence avec le 20.
c. Le premier tronçon du RER a ouvert en 1972.

9. Tout au long du XXe siècle, le développement de la circulation automobile suppose à la fois une régulation et une organisation du trafic. Reliez les faits à leur date :

Achèvement du boulevard périphérique	•	• 1906
Premier axe rouge	•	• 1909
Invention du sens giratoire	•	• 1923
Premier sens unique	•	• 1967
Premier feu rouge	•	• 1971
Ouverture de la voie express rive gauche	•	• 1973
Premier horodateur	•	• 1990

10. Le tramway en 2006, Vélib' en 2007 : Paris expérimente de nouveaux modes de circulation qui sont aussi de vieux moyens dc transport.
a. Paris n'avait jamais jusqu'alors connu de tramway. Vrai ou faux ?
b. Sur chaque Vélib' figure le rappel de quelques règles élémentaires de conduite. Chassez l'intruse dans la liste suivante :
« Je ne roule pas sur les trottoirs – Je respecte les feux et les stops – Je ne transporte pas de passager – Je n'emprunte pas les sens interdits – Je ne circule que dans les voies réservées aux cyclistes. »

Réponses

1. c. Les premières voitures furent remisées dans une maison à l'enseigne de saint Fiacre.
C'est dans une maison de la rue Saint-Martin, portant une enseigne représentant saint Fiacre, qu'un certain Nicolas Sauvage installa, vers 1640, son entreprise de louage. Le fiacre devait finir par désigner aussi bien la voiture que le cocher. Sébastien Mercier, dans son *Tableau de Paris* (1781-1788), esquisse un portrait peu amène de ces ancêtres de nos modernes taxis : « Rien ne révolte l'étranger qui a vu les carrosses de Londres, d'Amsterdam, de Bruxelles, comme ces fiacres et leurs chevaux agonisant. Quand les fiacres sont à jeun, ils sont assez dociles ; vers le midi ils sont plus difficiles ; le soir ils sont intraitables ; les rixes fréquentes qui s'élèvent sont jugées chez les commissaires ; ils inclinent toujours en faveur du cocher. Plus les cochers sont ivres, plus ils fouettent leurs chevaux ; et vous n'êtes jamais mieux mené que quand ils ont perdu la tête. »

2. Pascal.
L'initiative du projet revient au philosophe Blaise Pascal. En 1662, par lettres patentes, le roi permet l'établissement de carrosses qui feraient toujours le même trajet, partiraient « toujours à heures réglées, quelque petit nombre de personnes qui s'y trouvassent [...], et même à vide ». Plusieurs lignes sont desservies par ces carrosses peints en bleu rehaussé de fleurs de lys d'or, par exemple de la porte Saint-Antoine au Luxembourg ou de la rue Saint-Antoine à la rue Saint-Honoré ; l'une d'elles fait même le tour de Paris mais il en coûte plus cher. L'engouement pour cette nouveauté, qui permettait à chacun d'aller en voiture, fut cependant de courte durée. L'expérience prend fin au bout de quelques années.

3. a. trottoirs. b. Odéon (eau – dé – on).
Avant que le trottoir ne sépare le flux des piétons de celui des chevaux, des carrosses et autres charrettes, la rue parisienne était fort dangereuse. Il fallait prêter l'oreille aux cris des cochers : « Gare ! gare ! » On pouvait chercher protection derrière l'une de ces grosses bornes qui flanquaient alors par intervalles les maisons de la ville. Mais les accidents étaient fréquents. Toujours sarcastique, Sébastien Mercier écrit : « Rien ne doit plus divertir un étranger que de voir un Parisien traverser ou

sauter un ruisseau fangeux avec une perruque à trois marteaux, des bas blancs et un habit galonné, courir dans de vilaines rues sur la pointe du pied, recevoir le fleuve des gouttières sur un parasol de taffetas. »
La rue de l'Odéon fut la première à être dotée, en 1781, d'un trottoir fait de minces pavés de grès. Au début des années 1820, le préfet de Paris Chabrol impose aux propriétaires des voies nouvelles de les doter de trottoirs qui peuvent être en lave de Volvic ou en granit. Dix ans plus tard, ils seront en bitume.

4. les premiers omnibus à chevaux.
« On vient de lancer les omnibus », dit Carlos Herrera. C'est en effet en 1828 que Stanislas Baudry, qui avait expérimenté l'idée à Nantes, crée dans la capitale l'Entreprise générale des omnibus. La première ligne entre la Madeleine et la Bastille connaît un succès fulgurant ; d'autres suivent aussitôt et bientôt la concurrence devient vive entre les « Dames blanches », les « Diligentes », les « Citadines » et autres « Favorites ». Pour cinq sous, on peut gagner l'autre bout de la capitale, non sans une promiscuité entre les classes sociales qui inquiète les plus frileux. Dès 1855, Haussmann impose la fusion de toutes les entreprises en une seule : *la Compagnie générale des omnibus* (CGO).

5. a. faux. b. Porte de Vincennes – Porte Maillot. c. 1916.
On parle d'un « métropolitain » à Paris depuis le Second Empire. Mais les réticences sont nombreuses, financières, techniques ou esthétiques. Il faut donc attendre 1897 pour que le conseil municipal de Paris, pressé par la perspective de la prochaine Exposition universelle, adopte enfin un projet de réseau, en l'occurrence celui de Fulgence Bienvenüe. La première ligne (Porte de Vincennes – Porte Maillot) ouvre le 19 juillet 1900, soit trente-sept ans exactement après l'inauguration du métro de Londres. Le succès de ce nouveau mode de transport est fulgurant. Les lignes se multiplient et se modernisent peu à peu (les rames sont équipées de portes automatiques dès 1916). Simultanément, en surface, la ville s'adapte à la modernité automobile. La première ligne d'omnibus automobile (Montmartre – Saint-Germain-des-Prés) est inaugurée en juin 1906. La compagnie G7 (1902) met en circulation les taxis Renault qui, quelques années plus tard, transporteront des troupes jusqu'à la Marne...

6. a. Métro, boulot, dodo.
La formule devait s'imposer comme un résumé des dures journées de tous ceux qui, dans une ville dont les banlieues n'en finissent plus de s'étendre, sont condamnés à ce qu'il est désormais convenu d'appeler les « migrations pendulaires ».
b. poinçonneur.
J'suis l'poinçonneur des Lilas
Pour Invalides changer à Opéra
Je vis au cœur d'la planète
J'ai dans la tête
Un carnaval de confettis
J'en amène jusque dans mon lit
Et sous mon ciel de faïence
Je n'vois briller que les correspondances
[...]
J'fais des trous, des p'tits trous, encor des p'tits trous
Des p'tits trous, des p'tits trous, toujours des p'tits trous.
Chanson de Serge Gainsbourg, *Le Poinçonneur des Lilas* date de 1959. Les derniers poinçonneurs disparaissent au début des années 1970. Commence le temps des portillons automatiques.
c. Zazie (dans l'ouvrage de Raymond Queneau, *Zazie dans le métro*, 1959). Pour regagner la gare d'Austerlitz où l'attend sa mère, elle finira par monter dans une rame mais elle n'en découvre pas pour autant l'objet de ses rêves car elle est... endormie.

7.

Arsenal •	• **Cette station n'a jamais été ouverte**
Berlin •	• **S'est appelée d'abord Wilhem**
Porte Molitor •	• **A changé de nom en 1914**
Église d'Auteuil •	• **A fermé ses portes au début de la Seconde Guerre mondiale**

Quand commence le premier conflit mondial, la station « Berlin » est fermée, avant de rouvrir, en décembre 1914, avec un nouveau nom plus belliqueusement correct : « Liège ». Peu après le retour à la paix, un conseiller municipal zélé et suspicieux croit déceler dans la station « Wilhem » quelque hommage au voisin vaincu alors qu'il s'agissait du surnom d'un musicien du XIXe siècle, créateur de l'orphéon municipal, Guillaume Louis Bocquillon. La station est donc rebaptisée : elle s'appellera désormais « Église d'Auteuil ».
La station « Porte Molitor », qui devait originellement desservir le Parc des Princes, n'a jamais été ouverte. Celle de l'« Arsenal »

a fermé en 1940 en raison de la mobilisation des agents de service du métropolitain. Ses portes resteront définitivement closes.

8. a. faux. b. vrai. c. faux.
En 1942, le gouvernement de Vichy décrète la fusion de la Compagnie du chemin de fer métropolitain de Paris et de la Société des transports en commun de la région parisienne (qui gérait les lignes de tramway et d'autobus), mais cette décision reste sans effet. C'est finalement une loi de 1948 qui crée la RATP. La naissance de la Régie autonome des transports parisiens, inaugurée le 1er janvier 1949, assure la fusion des réseaux souterrain et de surface.
Depuis 1945, une nouvelle numérotation des lignes est en vigueur : elle réserve les numéros 1 à 19 au métro et les numéros 20 à 99 aux lignes intra-muros, le numéro 100 étant celui de la ligne de Petite Ceinture (le PC) ; les numéros 101 et suivants sont donnés aux autobus desservant la banlieue. Celle-ci est également reliée bientôt à la capitale par le réseau du RER (réseau express régional), dont le premier tronçon (Nation – Boissy-Saint-Léger) est inauguré en décembre 1969.

9.

Achèvement du boulevard périphérique	**1906**
Premier axe rouge	**1909**
Invention du sens giratoire	**1923**
Premier sens unique	**1967**
Premier feu rouge	**1971**
Ouverture de la voie express rive gauche	**1973**
Premier horodateur	**1990**

C'est un urbaniste, Georges Hénard, qui, pour fluidifier la circulation souvent congestionnée des carrefours, eut l'idée, en 1906, du sens giratoire autour d'un rond-point central. Son principe est appliqué dès l'année suivante place de l'Étoile. Peu après, les rues de Mogador et de la Chaussée-d'Antin sont les deux premières artères parisiennes à connaître le sens unique. Le premier feu rouge est, quant à lui, installé au carrefour Strasbourg-Saint-Denis (mais les feux vert et orange n'apparaîtront que plus tard). Les années 1960 sont celles de l'explosion du trafic. C'est le temps où Georges Pompidou affirme qu'il faut adapter la ville à l'automobile : les voies sur berge et le boulevard périphérique participent de cette politique.

Bientôt, les Parisiens apprennent à connaître les restrictions de stationnement (zone bleue, horodateurs, sabots dits « de Denver », axes rouges interdits à l'arrêt comme au stationnement).

10.

a. faux.

Un premier tramway hippomobile a existé dans la capitale sous le Second Empire, mais ce mode de transport se développe surtout dans le dernier tiers du XIXe siècle ; il se modernise aussi (tramways à vapeur d'abord, tramways électriques ensuite, qui coexistent avec les tramways à chevaux). Le développement de la circulation automobile aura cependant raison de ce mode de transport que l'on croit désuet et que l'on juge gênant. Les tramways parisiens disparaissent dans les années 1930.

b. L'intruse : **Je ne circule que dans les voies réservées aux cyclistes**.

Pour ne pas être indiquée, la règle n'en est pas moins recommandée...

7

Danses macabres à Paname

La mort à Paris

« Il n'est vivant tant soit plein d'art / Ne de force pour résistance / Que je ne frappe de mon dard / Pour bailler aux vers leur pitance / Priez Dieu pour les trépassés » : tels sont les mots gravés sur l'écu du squelette d'albâtre qui se dressait au cœur du cimetière des Innocents et qui est conservé aujourd'hui au Louvre. Une façon de rappeler aux vivants qu'il n'est « rien de plus certain que la mort et de plus incertain que l'heure d'icelle ». Pour autant, la coexistence des vivants et des morts s'organise bien différemment au cours des siècles...

1. En 1348, l'évêque de Paris Foulque de Chanac promet une indulgence[1] de quarante jours à tous ceux qui viendront prier sur les reliques de saint Sébastien conservées dans l'abbaye Saint-Victor. Pour quelle raison ?
a. La capitale connaît alors une dramatique épidémie de dysenterie.
b. Saint Sébastien est réputé guérir de la peste.
c. Paris connaît alors la première épidémie de coqueluche.

2. « Seize énormes piliers de pierre brute, debout, hauts de trente pieds, disposés en colonnade autour de trois des quatre côtés du massif qui les supporte, liés entre eux à leur sommet par de fortes poutres où pendent des chaînes d'intervalle en intervalle ; à toutes ces chaînes, des squelettes. »

1. Rémission par l'Église d'une peine due pour un péché.

a. À quel lieu sinistrement célèbre fait ici référence Victor Hugo ?
❑ le pilori des Halles
❑ la potence de la place de Grève
❑ le gibet de Montfaucon
b. Dans la liste suivante, chassez l'intrus :
Enguerrand de Marigny – Esmeralda – Quasimodo – Jacques Cœur

3. Pendant longtemps les morts cohabitèrent avec les vivants en plein cœur de la capitale. Le principal cimetière se trouvait rive gauche, dans le quartier des Halles, à l'emplacement de l'actuelle place Joachim-du-Bellay. Quel était son nom ?
❑ cimetière des Innocents ❑ cimetière des Champeaux

4. Le comte d'Artois y descendit en 1787, Blake et Mortimer, les héros de E.P. Jacobs, y passent un long moment dans *L'Affaire du collier*. Le film de Pierre Tchernia, *Les Gaspards*, y situe son intrigue. Et des millions de personnes y ont trouvé demeure... De quoi s'agit-il ?

5. Je logeais jadis dans la basse geôle du sinistre Grand Châtelet. En 1804, je fus transférée dans l'île de la Cité, d'abord sur le quai du Marché-Neuf, puis à la pointe de l'île, derrière le chevet de Notre-Dame. Depuis 1923, je me trouve quai de la Rapée. On m'appelle aussi « Institut médico-légal ». Qui suis-je ?

6. Longtemps, les exécutions des condamnés à mort furent publiques.
a. Tous les lieux suivants virent fonctionner la guillotine, sauf un. Trouvez l'intrus et rayez-le :
place de Grève – place de la Révolution (place de la Concorde) – place de la Bastille – barrière du Trône – barrière Saint-Jacques – devant la prison de la Roquette – place d'Italie
b. À partir de 1832, les exécutions n'ont plus lieu en plein jour. Elles se déroulent désormais :
❑ à la tombée de la nuit ❑ en pleine nuit ❑ à l'aube
c. De quand date la dernière exécution publique ?
❑ 1918 ❑ 1939 ❑ 1962

7. Le cimetière du Père-Lachaise est incontestablement la plus célèbre nécropole de Paris.

a. Il doit son nom :
❑ au premier fossoyeur qui y travailla
❑ au confesseur de Louis XIV
❑ à un ancien jardinier en chef
b. Seules deux des personnalités suivantes ne sont pas ensevelies au Père-Lachaise. Saurez-vous les identifier ?
Thiers – Chopin – Jim Morrison – Proust – Balzac – Musset – Yves Montand – Simone Signoret – Colette – Flaubert – Masséna – Georges Perec – Pierre Desproges – Baudelaire

8. Jusqu'à la Première Guerre mondiale, Paris reste la proie de multiples fléaux : le choléra, la tuberculose ou encore la grippe espagnole. Saurez-vous dire quelle maladie emporta les personnages suivants ?

Casimir Perier (1832)	•	•	grippe espagnole
Chopin (1849)	•	•	choléra
Apollinaire (1918)	•	•	phtisie

9. Paris comprend des cimetières intra et extra-muros. Le dernier d'entre eux a ouvert en 1929. Où se trouve-t-il ?
❑ à Pantin ❑ à Bagneux ❑ à Thiais

Réponses

1. b. Saint Sébastien est réputé guérir de la peste.
La peste noire a débarqué à Marseille le 1er novembre 1347. Elle poursuit dès lors son œuvre de mort, frappant d'autant plus fort que les mauvaises récoltes se répètent depuis 1314 : la sous-alimentation affaiblit les populations. Premières victimes, les jeunes et les pauvres, mais les plus riches ne sont pas épargnés : l'évêque Foulque lui-même trépasse avant la fin de l'année. Au total, c'est peut-être un quart de la population parisienne qui disparaît en deux ans. Et la peste subsiste désormais de façon endémique, multipliant les assauts. Elle n'est cependant qu'un des fléaux qu'endurent les habitants de la capitale : la dysenterie frappe encore plus durement parfois. Quant à la coqueluche, elle sévit pour la première fois en 1414 : les habitants se voient secoués pendant des semaines par de violentes quintes de toux qui les laissent exsangues.

2. a. le gibet de Montfaucon. b. Jacques Cœur (il n'échoua pas au gibet de Montfaucon).
Le gibet de Montfaucon se dressait sur une éminence au-delà de la porte du Temple, en un lieu qui se trouverait aujourd'hui rue de la Grange-aux-Belles. En lisière de la ville, l'édifice a valeur d'avertissement... d'autant que les corps pouvaient rester pendus pendant plusieurs années. Mais les lieux de supplice sont à dire vrai nombreux et variés (ainsi la place de Grève où l'on dressait des estrades temporaires). Le pilori des Halles servait, quant à lui, à exhiber les auteurs de larcins et autres délits.
La *Ballade des pendus* (vers 1462) de François Villon témoigne du spectacle offert à la population par les cadavres pendus au gibet de Montfaucon (« Vous nous voyez ci, attachés cinq, six / Quant de la chair, que trop avons nourrie, / Elle est pieça dévorée et pourrie »). Les derniers mots de *Notre-Dame de Paris* (1831) y rassemblent dans la mort Quasimodo et Esmeralda : « On trouva parmi toutes ces carcasses hideuses deux squelettes dont l'un tenait l'autre singulièrement embrassé. L'un de ces deux squelettes, qui était celui d'une femme, avait encore quelques lambeaux de robe d'une étoffe qui avait été blanche [...]. L'autre, qui tenait celui-ci étroitement embrassé, était un squelette d'homme. [...] Il n'avait [...] aucune rupture de vertèbre à la nuque, et il était évident qu'il n'avait pas été pendu. L'homme auquel il avait

appartenu était donc venu là, et il y était mort. Quand on voulut le détacher du squelette qu'il embrassait, il tomba en poussière. »

3. cimetière des Innocents.

L'engorgement implique, dès la fin du Moyen Âge, d'encadrer le cimetière par quatre galeries dans lesquelles sèchent et se désagrègent les ossements retirés des fosses, au-dessus d'arcades dont certaines abritent les tombeaux de riches bourgeois. Une fresque représentant la procession des morts ornait l'une de ces galeries : la « danse macabre » se composait de tableaux réunissant chacun un squelette et un vivant : ces dialogues entre morts et vifs rassemblaient toutes les couches de la société, une façon de rappeler l'égalité des hommes devant la mort...

4. Il s'agit des catacombes de Paris.

La saturation des cimetières parisiens et les problèmes d'hygiène qu'il suscite imposent de trouver d'autres lieux de sépulture afin de vider le Paris intra-muros des cadavres qui s'y sont amoncelés au long de dizaines de générations. Quelques tronçons des carrières de pierre creusées sous la capitale depuis des siècles vont être aménagés à cet effet : les catacombes de la Tombe-Issoire (près de la place Denfert-Rochereau) sont consacrées le 7 avril 1786. Commence alors un long transfert : chaque soir, à la tombée de la nuit, éclairés par des torches, des chars funèbres recouverts de draps noirs mortuaires, accompagnés par des prêtres chantant l'office des morts, charrient des monceaux d'ossements.

Gaston Leroux, dans un roman aujourd'hui oublié, imagine cette conversation entre deux personnages perdus dans les Catacombes : « Oh ! mon ami, cette tapisserie macabre [...] n'est guère plus longue qu'un kilomètre. Ce kilomètre, justement, s'appelle ossuaire, à cause de crânes, radius, cubitus, tibias, fémurs, phalanges, thorax et autres osselets qui en font l'unique ornement. Mais quel ornement ! C'est un ornement de trois millions cinquante mille squelettes qu'on a tirés de cimetières et nécropoles de Saint-Médard, Cluny, Saint-Landry, des Carmélites, des Bénédictins et des Innocents ! » (*La Double Vie de Théophraste Longuet*, 1903.)

5. La morgue.

Morguer signifiait autrefois « regarder avec hauteur ». Pendant longtemps, le spectacle des cadavres trouvés dans la rue ou repêchés dans la Seine fut offert au public : on venait à la morgue comme au spectacle... Cette curiosité macabre n'a pas disparu :

films et romans policiers n'hésitent pas de nos jours à s'introduire à l'intérieur de l'Institut médico-légal du quai de la Rapée.

6. a. L'intrus : **place d'Italie. b. à l'aube. c. 1939.**
Sous l'Ancien Régime, les exécutions se déroulaient devant l'Hôtel de Ville, au beau milieu de l'après-midi. Avec la Révolution, les lieux de l'exécution changent : de la place de Grève, la guillotine gagne la place de la Révolution, puis, devant la lassitude suscitée par le spectacle répété de la mort et du sang, elle migre vers la Bastille, puis vers la barrière du Trône... avant de s'en retourner place de Grève sous le Consulat.
En 1832, une double décision est prise : désormais, les exécutions auront lieu à l'aube et à la périphérie de la ville (d'abord à la barrière Saint-Jacques ; plus tard devant la prison de la Roquette – on peut toujours voir l'emplacement de la guillotine au débouché de la rue de la Croix-Faubin !) ; une façon d'éclipser un châtiment qui se veut exemplaire mais qui devient insupportable à beaucoup... ce qui n'empêche pas des foules considérables de se masser parfois dès le milieu de la nuit pour apercevoir quelque chose de la sinistre mise en scène.
L'occultation du châtiment devient totale après 1939 : désormais, la guillotine est reléguée dans l'espace de la prison.

7. a. au confesseur de Louis XIV. b. Flaubert et **Baudelaire.**
L'endroit était une ancienne propriété des jésuites : le père Lachaise, confesseur de Louis XIV, y avait restauré une demeure qui se tenait là où se dresse aujourd'hui la chapelle du cimetière. Ce dernier, ouvert en 1804, ne connaît pas immédiatement le succès. Pour le lancer, il est décidé d'y transférer des morts célèbres. Et bientôt, acheter une concession au Père-Lachaise devient gage d'appartenance à la bonne société. Ainsi que le déclare Victor Hugo, « le Père-Lachaise, à la bonne heure, c'est comme avoir des meubles en acajou ». Sépulture des grands qui rivalisent parfois en extravagance dans les monuments qu'ils se font élever, il s'offre désormais comme un résumé des ambitions et de la réussite. C'est du haut du cimetière que Rastignac, contemplant Paris qui s'étend à ses pieds, telle une « ruche bourdonnante », s'exclame avec avidité : « À nous deux maintenant ! » (*Le Père Goriot*, 1835). Le cimetière est aussi un lieu de rassemblement politique : les républicains s'y retrouvent derrière les cortèges funèbres de leurs grandes figures, avant que la gauche ne

prenne l'habitude de se réunir devant le mur des Fédérés pour y célébrer les victimes de la Commune.

8.

Casimir Perier (1832)	**grippe espagnole**
Chopin (1849)	**choléra**
Apollinaire (1918)	**phtisie**

En 1832, le choléra décime Paris. Le très sérieux *Journal des débats* se croit alors autorisé à écrire : « Tous les hommes atteints de ce mal épidémique, mais que l'on ne croit pas contagieux, appartiennent à la classe du peuple… Ils habitent les rues sales et étroites de la Cité et du quartier Notre-Dame. » La mort du Premier ministre témoigne de ce que personne n'est à l'abri… Près de 20 000 morts vont succomber. « Dans la rue de Sèvres, complètement dévastée, surtout d'un côté, les corbillards allaient et venaient de porte en porte ; ils ne pouvaient suffire aux demandes ; on leur criait par les fenêtres : “Corbillard, ici !” Le cocher répondait qu'il était chargé et ne pouvait servir tout le monde. » (Chateaubriand, *Mémoires d'outre-tombe*, 1848-1850.)
La phtisie (tuberculose) frappe, quant à elle, de façon endémique. Au début du XXe siècle, des enquêtes seront menées, qui visent à recenser les quartiers insalubres de la ville où la maladie sévit. Il faudra attendre encore quelques décennies avant que leur rénovation n'éradique le fléau. Encore ce dernier connaît-il depuis quelques années une certaine recrudescence.
La grippe espagnole fit des coupes claires dans la population parisienne à la fin de la Première Guerre mondiale. Elle n'a pas épargné le poète Guillaume Apollinaire…

9. à Thiais.
Ce cimetière a ouvert en 1929. Avec 103 hectares, il est le plus grand après celui de Pantin (107 ha, 1886) et devance celui de Bagneux (61,5 ha, 1886). Une concession perpétuelle y est presque quatre fois moins chère qu'au Père-Lachaise. Certaines de ses tranchées sont même gratuites, ce qui lui a valu le surnom de « cimetière des pauvres ». C'est au cimetière de Thiais qu'en 2003, en présence du président de la République et du maire de Paris, ont été inhumées les victimes de la canicule dont personne n'avait réclamé la dépouille.

8

Paris vaut bien une messe

Une capitale religieuse

« Enfin, la grande volée commençait ; toute la terre tremblait : charpentes, plombs, pierres de taille, tout grondait à la fois... » (Victor Hugo, *Notre-Dame de Paris*). Depuis des siècles, les Parisiens ont vécu au rythme des cloches de la capitale sonnant les heures et les fêtes, célébrant les grands moments de l'histoire nationale, tandis que sous les voûtes de la cathédrale retentissait quelque *Te Deum*. Si l'histoire de Paris fut parfois celle de conflits tragiques entre chrétiens ou d'une lutte acerbe entre l'Église et l'État, elle est aussi celle d'une diversification des confessions qui, depuis la Révolution, laisse droit de cité à d'autres croyances, à d'autres religions.

1. Les indices suivants doivent permettre d'identifier un monument célèbre de la capitale. Lequel ?
1248 – couronne d'épines du Christ – gothique – Saint Louis – palais de la Cité – procession
Une anagramme pour vous aider : CHAPELETS LAINE

2. Mon nom a été donné à une abbaye, une église, une porte et une foire ; il désignera plus tard un boulevard et un quartier à la mode. À l'ouest de Paris, une île sur la Seine et une ville, développée autour d'un château qui domine le fleuve, conservent également ma mémoire. Qui suis-je ?
❑ saint Sulpice ❑ saint Germain ❑ saint Antoine

3. La cathédrale Notre-Dame est l'un des lieux les plus visités par les touristes du monde entier. La connaissez-vous bien pour autant ? Parmi les affirmations suivantes, discernez le vrai du faux.
a. La cathédrale Notre-Dame de Paris a été commencée en 1160 à l'instigation de l'évêque Maurice de Sully.
b. Trois portails ornent la façade principale : ils sont consacrés au Jugement dernier, à la Vierge et à sainte Anne. Les statues étaient à l'origine polychromes.
c. Les rois de France étaient ordinairement sacrés dans ce cœur religieux de la capitale.
d. En écrivant son roman *Notre-Dame de Paris*, Victor Hugo entend notamment défendre l'art médiéval.

4. « [...] pour faire amende honorable de nos péchés et obtenir de l'infinie miséricorde du Sacré Cœur de Notre Seigneur Jésus-Christ le pardon de nos fautes [...], nous promettons de contribuer à l'érection, à Paris, d'un sanctuaire dédié au Sacré Cœur de Jésus. » Ce vœu d'Alexandre Legentil est à l'origine de l'érection de la basilique de Montmartre. Parmi les affirmations suivantes, démêlez le vrai du faux.
a. Il s'agit, dans l'esprit de son initiateur, d'expier les « crimes des communards ».
b. La municipalité parisienne décide de baptiser la rue qui longe l'édifice « rue du Chevalier-de-la-Barre » afin de saluer le fondateur du culte du Sacré Cœur.

5. Saint-Germain ou Saint-Julien-le-Pauvre (à l'ombre de laquelle survit le plus vieil arbre de Paris – un robinier planté au début du XVIIe siècle) sont parmi les églises les plus vénérables de la capitale. Chacun connaît aussi des édifices religieux construits pendant la Renaissance ou l'âge classique. Qu'en est-il de la période contemporaine ? Les deux affirmations suivantes sont-elles vraies ou fausses ?
a. Aucune église n'a été édifiée à Paris entre 1848 et 1914.
b. En 1931, l'archevêque de Paris, Mgr Verdier, fonde les « chantiers du cardinal » : il s'agit d'un programme de construction d'églises dans Paris et dans sa banlieue.

6. L'histoire des juifs à Paris depuis le Moyen Âge a connu bien des vicissitudes. Testez vos connaissances à l'aide des quelques définitions suivantes :

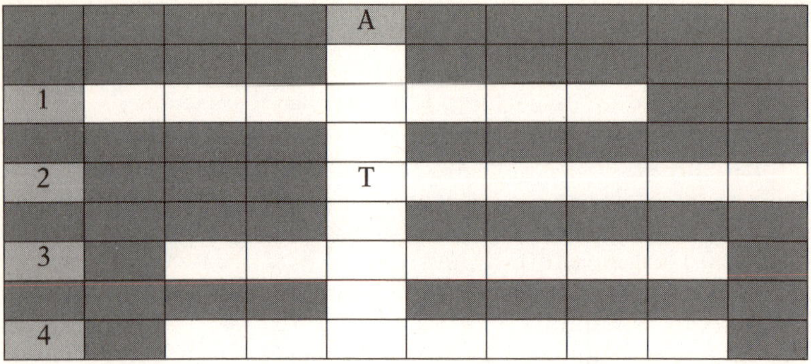

1. Cette rue est devenue emblématique de la présence juive à Paris.
2. Fut brûlé en 1242 en place de Grève après une controverse.
3. Architecte de la synagogue de la rue Pavée, il est l'un des grands représentants de l'Art nouveau.
4. Incarcéré dans la prison du Cherche-Midi, dégradé dans la cour de l'École militaire, symbole de l'erreur judiciaire.
A. L'une des principales synagogues de Paris : elle porte le nom de la rue où elle a été édifiée sous le Second Empire.

7. Le 22 mars 1594, les cloches de Paris sonnent à toute volée : le roi Henri IV vient d'entrer dans sa capitale qui, depuis des années, dans un pays déchiré par les guerres de Religion, était un bastion catholique. Quatre ans plus tard, l'édit de Nantes est signé. Les protestants, désormais, peuvent exercer leur culte dans le royaume… provisoirement. Complétez les deux affirmations suivantes par la bonne réponse.

a. Il n'existe pas à Paris de temple protestant du XVIIe siècle parce que :

❑ l'édit de Nantes (1598) en a interdit la construction à moins de cinq lieues de la capitale

❑ tous ont été détruits après la révocation de l'édit de Nantes par Louis XIV en 1685

b. Aujourd'hui, l'un des lieux du culte protestant à Paris est l'oratoire du Louvre, ancienne église catholique. Il est flanqué au sud d'une statue :

❑ de l'amiral de Coligny ❑ de Calvin

8. Toutes les religions coexistent dans la capitale. Voici deux édifices dont vous saurez peut-être retrouver l'emplacement ou la date d'inauguration.

a. La cathédrale russe Alexandre-Nevsky se trouve :
❑ rue Daru ❑ rue de Crimée
b. La Grande Mosquée de Paris a été inaugurée :
❑ en 1926 ❑ en 1946 ❑ en 1986

Réponses

1. Sainte-Chapelle.
Chef-d'œuvre de l'art gothique consacré en 1248, la Sainte-Chapelle est destinée à abriter les reliques de la Passion (couronne d'épines du Christ, clous, morceau de la vraie Croix) achetées par le roi à l'empereur de Constantinople.

2. saint Germain.
Évêque de Paris au VIe siècle, il repose depuis le VIIIe siècle dans l'abbatiale de ce qui fut un très riche établissement bénédictin, doté d'un gigantesque patrimoine foncier. Hors de l'enceinte de la capitale, Saint-Germain « des Prés » était clos de murs. Il ne reste plus guère aujourd'hui de cet ensemble que l'église. La petite place de Furstenberg occupe ce qui était jadis l'avant-cour du palais abbatial. Les bâtiments qui l'entourent abritaient alors les remises pour les équipages, les étages servaient de logis aux domestiques.

3. a. vrai. b. vrai. c. faux. d. vrai.
Notre-Dame demeure l'un des chefs-d'œuvre de l'art gothique. Le palais épiscopal flanquait jadis la cathédrale, côté sud, relié à elle par une galerie. Au nord-nord-est, ceint de murs, se trouvait le cloître Notre-Dame dont les maisons avec jardins, dévolues aux chanoines, étaient fort prisées. Les rois ne sont pas sacrés à Notre-Dame mais à Reims. Dans son avant-propos à l'édition de 1832 de *Notre-Dame de Paris*, Victor Hugo écrit : « [L'auteur] a déjà plaidé dans plus d'une occasion la cause de notre vieille architecture, il a déjà dénoncé à haute voix bien des profanations, bien des démolitions, bien des impiétés. Il ne se lassera pas. [...] Car c'est une chose affligeante de voir en quelles mains l'architecture du Moyen Âge est tombée et de quelle façon les gâcheurs de plâtre d'à présent traitent la ruine de ce grand art. »

4. a. faux. b. faux.
Le vœu d'Alexandre Legentil date de janvier 1871, soit deux mois avant le début de la Commune... C'est la défaite de la France face à la Prusse que les catholiques interprètent comme un signe divin. « La France est frappée ; il faut donc que nous soyons coupables... », avait déclaré l'évêque de Nantes, dès septembre. Reste que, pour certains, notamment parmi les députés qui votent la loi d'utilité publique pour la

construction de la basilique, c'est bien là l'occasion de stigmatiser la Commune. Et le lieu finalement retenu conforte leur idée puisque c'est à Montmartre qu'est né le mouvement insurrectionnel. On comprend dès lors que la basilique ait suscité une vive controverse. La municipalité parisienne, de gauche, dénonce dans l'édifice « un défi jeté à la civilisation » et propose l'érection d'« une statue colossale de la Liberté [...] au sommet de la colline »...

La même municipalité décidera de baptiser la rue longeant l'édifice « rue du Chevalier-de-la-Barre », du nom de ce jeune homme qui avait été condamné à mort au XVIIIe siècle pour avoir refusé de se découvrir en présence d'une procession religieuse.

La polémique rebondit à tout propos. Lorsque Gustave Eiffel construit sa tour, le journal anticlérical *La Lanterne* se félicite de ce qu'elle « écrasera du haut de ses trois cents mètres l'église du Sacré-Cœur » ; à quoi les catholiques rétorquent : « La toute neuve tour Eiffel est une tour de Babel, squelette hideux, môle horrible qui fait contraste avec le blanc du Sacré-Cœur. »

5. a. faux. b. vrai.

Entre le Concordat de 1801 et la chute de Napoléon III, les églises ont fleuri dans la capitale comme en province. Le mouvement de construction se tarit avec l'avènement de la IIIe République même si des monuments intéressants sont alors élevés : conçue comme un hommage au monde ouvrier, Notre-Dame-du-Travail, édifiée au tournant des XIXe et XXe siècles, offre ainsi une structure de métal ; Saint-Jean-de-Montmartre est élevée par Anatole de Baudot en brique et ciment armé.

Pendant l'entre-deux-guerres, l'archevêque Verdier conçoit un vaste programme de construction d'églises à la fois dans les arrondissements de la périphérie parisienne et en banlieue. Il s'agit, dans une capitale en extension, d'améliorer l'encadrement religieux des milieux populaires. En moins de dix ans, plus de cent chantiers sont mis en œuvre.

6.

				A					
				V					
1	R	O	S	I	E	R	S		
				C					
2				T	A	L	M	U	D
				O					
3		G	U	I	M	A	R	D	
				R					
4		D	R	E	Y	F	U	S	

En 1242, sous l'impulsion du pape Grégoire IX qui entendait lutter contre l'hérésie, et à l'issue d'une controverse religieuse organisée dans la capitale par le roi Saint Louis, le Talmud fut solennellement brûlé en place de Grève. Désormais la persécution contre les juifs s'exacerbe : surveillance, confiscation des biens, expulsions répétées jusqu'à celle, définitive, de 1394. Leur présence à Paris sera quasiment nulle jusqu'au XVIIIe siècle, date à laquelle la capitale connaît un certain renouveau du judaïsme : elle comprend à la veille de la Révolution quelques centaines de juifs, issus des communautés alsaciennes et lorraines ou du Sud-Ouest.

En 1791, l'Assemblée constituante émancipe les juifs qui deviennent citoyens français. Peu après, Napoléon organise le culte et met en place la hiérarchie des consistoires. Le XIXe siècle est celui de l'édification des grandes synagogues parisiennes (celle de la rue Notre-Dame-de-Nazareth en 1822, celle de la rue de la Victoire, sous le Second Empire), cependant que les juifs, de plus en plus nombreux dans Paris, se rendent célèbres aussi bien dans le domaine des affaires (industrie, banque, immobilier) que dans celui de la culture (Université, littérature, arts). Paris apparaît pour beaucoup, en Europe, comme une ville-refuge, du moins jusqu'à la flambée d'antisémitisme de la fin du siècle, illustrée notamment par l'affaire Dreyfus. Si l'entre-deux-guerres est marqué par la vitalité culturelle du judaïsme parisien, le second conflit mondial se traduit par la tragédie de l'aryanisation des biens juifs et des rafles répétées (celle du Vél' d'Hiv, les 16 et 17 juillet 1942, n'étant que la plus tristement célèbre).

Le Marais est indéniablement l'un des quartiers emblématiques – mais non le seul (en témoignent Montmartre, Belleville ou l'Ouest parisien) – de la présence juive dans la capitale, notamment autour de la rue des Rosiers et de la rue Pavée, où Guimard dessina les plans d'une synagogue dans le style Art nouveau.

7. a. l'édit de Nantes (1598) en a interdit la construction à moins de cinq lieues de la capitale. b. de l'amiral de Coligny.
Les « réformés » parisiens ont commencé par établir le temple de leur communauté à Ablon puis à Grigny, avant de construire successivement deux temples à Charenton. Le premier fut ravagé par un incendie, le second détruit sur ordre de Louis XIV à la suite de la révocation de l'édit de Nantes.
C'est Napoléon qui a décidé de confier au culte protestant l'église de l'Oratoire édifiée au XVIIe siècle (les services funèbres de Richelieu et de Louis XIII s'y étaient déroulés). En 1889, est élevée, au chevet de l'édifice, une statue de Coligny, non loin de l'endroit où celui-ci avait été assassiné au moment de la Saint-Barthélemy.

8. a. rue Daru. b. en 1926.
Édifiée dans un style à la fois byzantin (plan en croix grecque) et russe (dômes en forme de bulbe), la cathédrale russe Alexandre-Nevsky fut consacrée le 11 septembre 1861. Il existe d'autres églises orthodoxes à Paris : celle de la rue de Crimée fut autrefois… un temple luthérien.
L'idée de construire une mosquée à Paris remonte à la fin du XIXe siècle. Mais c'est la Première Guerre mondiale et le sacrifice de dizaines de milliers de musulmans dans les tranchées qui donnent corps au projet : les travaux commencent en 1922. La Grande Mosquée est édifiée dans le style hispano-mauresque, non sans référence à la mosquée Qarawiyyîn de Fès. Inaugurée en 1926, elle est alors le seul édifice de culte musulman en France.

9

Aux armes, Parisiens !

Insurrections, révolutions, manifestations

« – La Bastille est prise ! À ce cri les cœurs se fondirent, les yeux se mouillèrent, les bras s'ouvrirent ; il n'y eut plus de partis opposés, il n'y eut plus de castes ennemies, tous les Parisiens sentirent qu'ils étaient frères, tous les hommes comprirent qu'ils étaient libres. » (Alexandre Dumas, *Ange Pitou*) La ville avait déjà connu auparavant des accès de fièvre insurrectionnels. Mais à partir de 1789, c'est au rythme des révolutions parisiennes que vit la France. Pendant près d'un siècle, les régimes se font et se défont dans la capitale. Encore aujourd'hui, elle demeure un lieu privilégié de manifestations et de revendications.

1. En avril 1413, Paris est en proie à l'émeute. Pour identifier le nom de ceux qui font alors régner la terreur dans la capitale, voici une charade et un rébus. À vous de résoudre l'une et / ou l'autre : ils donnent la même réponse...
a. Mon premier est mon second en argot.
Quand on a de mon second on a un certain charme.
b. K b' 

2. Trouvez à quel événement tragique se rapporte cette liste et chassez l'intrus qui s'y est glissé :
cloches – Coligny – 24 août – Saint-Germain-l'Auxerrois – 1872

3. Dans son *Journal*, Julien Green écrit : « Le plus singulier talent des Parisiens, c'est celui d'élever des barricades en très peu de temps et avec tout ce qui leur tombe sous la main. »

Sauriez-vous dire quand est née cette « technique » insurrectionnelle ?
❑ 1588 ❑ 1648 ❑ 1827

4. 1789. En quelques mois Paris passe de l'émeute à la Révolution.
A. Dès la fin du mois d'avril 1789, une émeute a éclaté dans le faubourg Saint-Antoine. Elle s'est achevée par la mise à sac de la manufacture d'un industriel dont la charade suivante donne le nom :
Mon premier est une note de musique.
Mon deuxième est le contraire du sommeil.
Mon troisième est impersonnel.
B. Trois mois plus tard, c'est la prise de la Bastille. Saurez-vous distinguer, parmi les affirmations suivantes, celles qui sont exactes ?
a. Il y eut avant la Révolution plusieurs projets de démolition de la forteresse. Vrai ou faux ?
b. La prison contenait 543 détenus en juillet 1789. Vrai ou faux ?
c. Le plus jeune des assaillants, le 14 juillet 1789, avait 8 ans. Vrai ou faux ?

5. « J'ai entrepris un sujet moderne, une barricade, et si je n'ai pas vaincu pour la patrie au moins peindrais-je pour elle », écrivait Delacroix à son frère en 1830.
Sous quel nom est connu ce tableau auquel fait allusion Delacroix ?
❑ *La Liberté guidant le peuple* ❑ *La Barricade* ❑ *Le 29 Juillet*

6. Le Paris de l'insurrection et de la révolution a, au XIXe siècle, un héros, le gamin de Paris, débrouillard, effronté, vivant dans la rue. Au jeune garçon pointant ses pistolets au côté de l'allégorie de la Liberté dans le tableau de Delacroix, Victor Hugo donne un nom dans *Les Misérables*.
a. Il s'appelle :
❑ Gavroche ❑ Poulbot
b. Il trouve un temps refuge à l'intérieur d'un monument à la Bastille. Il s'agit :
❑ d'un éléphant en plâtre ❑ d'une colonne de bronze
❑ d'une pyramide de bois
c. Dans quelles circonstances meurt-il ?
❑ devant une barricade lors de l'insurrection parisienne de 1832
❑ dans la fusillade du boulevard des Capucines en février 1848

7. Tracez les bons liens :

Montmartre •	• mur des Fédérés
Jean-Baptiste Clément •	• Nouvelle-Calédonie
Père-Lachaise •	• *Le Temps des cerises*
Louise Michel •	• généraux Lecomte et Clément-Thomas

8. À quel lieu ou à quel monument relier les manifestations suivantes ? Attention, pour une même date, une ou plusieurs réponses sont possibles.

19 novembre 1899 (inauguration du *Triomphe de la République* de Dalou) •	• Étoile
6 février 1934 (manifestation des ligues) •	• Bastille
7 mai 1968 (manifestation étudiante) •	• Palais-Bourbon
30 mai 1968 (contre-manifestation gaulliste) •	• Champs-Élysées
10 mai 1981 (élection de François Mitterrand) •	• Denfert-Rochereau
	• place de la Concorde
	• Nation

9. Les deux principales manifestations de masse, à Paris, sont aujourd'hui la « Marche des fiertés » (Gay Pride) et la « Techno Parade ». Une seule des affirmations suivantes est exacte. Laquelle ?
a. La première Techno Parade eut lieu en 1995, un an après la première Gay Pride.
b. Paris est la première ville dans le monde à avoir organisé une Gay Pride.
c. La Techno Parade de 2001 fut annulée en raison des attentats du 11 septembre.

Réponses

1. a. cabot – chien. b. K – b – eau – chien.
Paris connaît à la fin du Moyen Âge plusieurs émeutes à tonalité antifiscale, comme celle des Maillotins en 1382 ou celle des Cabochiens en 1413. Lors de la première, les Parisiens s'emparent de milliers de maillets de plomb qui se trouvaient dans l'Hôtel de Ville et les utilisent pour enfoncer les portes, piller et brûler ; lors de la seconde, les émeutiers se voient attribuer le surnom de leur meneur, Simon Le Coutelier, dit Caboche. Ce soulèvement s'inscrit dans la guerre civile entre Armagnacs et Bourguignons, qui déchire alors le royaume.

2. L'intrus : **1872**. L'événement : **la Saint-Barthélemy (24 août 1572)**.
Le signal du massacre des protestants est donné dans la nuit par les cloches de Saint-Germain-l'Auxerrois, relayées bientôt par les autres cloches de la capitale. Ce sont d'abord les capitaines huguenots[1] qui sont visés (l'amiral de Coligny fait partie des victimes) puis les populations civiles. La « Saint-Barthélemy » reste l'événement le plus tragiquement fameux des guerres de Religion.

3. 1588.
C'est pendant les guerres de Religion que, pour la première fois, les Parisiens, en l'occurrence les partisans de la Ligue, « résolurent de tendre les chaînes dans les rues, d'élever à la hâte une espèce de fort auprès de chaque chaîne, avec des tonneaux remplis de terre qu'on tenoit tout prêts ». Quelques décennies plus tard, les habitants de la capitale récidivent lors de la Fronde ainsi qu'en témoigne cette « mazarinade[2] » : « Faisons un tour parmy les rues, / Par tout les chaisnes sont tendües, / Des caves on sort des tonneaux, / On amène des tombereau / Des chariots et des charrettes [...]. » Pourtant, c'est bien au XIXe siècle que les barricades s'imposent comme la matérialisation de l'insurrection et de la révolution. En novembre 1827, elles s'élèvent rue Saint-Denis, superposant, dans une sorte de bricolage à la fois spontané et savant, pavés, planches, tonneaux et autres charrettes. Une tradition commence ; elle signe le Paris des révolutions.

---

1. C'est ainsi que sont alors appelés les protestants français d'obédience calviniste.
2. Pendant la Fronde, pamphlets prenant pour cible le cardinal Mazarin.

4. A. Ré – veille – on (Réveillon).
Il dirigeait une manufacture de papiers peints dans le faubourg Saint-Antoine où se concentraient alors nombre d'artisans et d'ouvriers. Lors d'une réunion organisée pour rédiger les cahiers de doléances, Réveillon a déclaré que si le pain était moins taxé, les chefs d'entreprise pourraient payer moins leurs ouvriers, ce qui permettrait de réduire le prix des objets manufacturés. En ce difficile printemps 1789, le raisonnement suscite la colère dans le quartier : la manufacture est saccagée, pillée et brûlée – un prélude aux journées révolutionnaires qui témoigne de l'effervescence des esprits.

B. a. vrai. b. faux. c. vrai.
L'idée d'abattre la forteresse, qui ne comprenait que sept prisonniers en juillet 1789, courait depuis plusieurs années.
Parmi les 954 « vainqueurs de la Bastille » honorés par la Nation figurait le jeune Lavallée, un garçon de 8 ans (le doyen des assaillants avait, quant à lui, 72 ans).

5. *La Liberté guidant le peuple.*
La toile s'est appelée aussi *Le 29 Juillet* et *La Barricade* avant que ne s'impose cette désignation à valeur plus universelle. En arrière-plan, mais sans souci réaliste de la topographie parisienne, les tours de Notre-Dame rappellent que c'est dans la capitale que se déroulèrent les trois journées révolutionnaires (les « Trois Glorieuses ») qui devaient permettre à Louis-Philippe de devenir roi des Français.

6. a. Gavroche. b. d'un éléphant en plâtre. c. devant une barricade lors de l'insurrection parisienne de 1832.
Gavroche est l'un des personnages les plus célèbres des *Misérables* de Victor Hugo (1862). À lui seul, il finit par figurer le Paris de l'insurrection et de la révolution. Il est partout chez lui dans la rue, mais il loge un temps dans l'éléphant de plâtre, maquette grandeur nature de ce qui devait être une fontaine ordonnée par Napoléon. En 1832, Gavroche se bat sur la barricade de la rue de la Chanvrerie, au cœur du Paris révolutionnaire. Le récit de sa mort est l'une des pages les plus célèbres des *Misérables* : « Gavroche, fusillé, taquinait la fusillade. […] On le visait sans cesse, on le manquait toujours. Les gardes nationaux et les soldats riaient en l'ajustant. Il se couchait, puis se redressait, s'effaçait dans un coin de porte, puis bondissait, disparaissait, reparaissait, se sauvait, revenait, ripostait à la mitraille par des pieds de nez, et cependant pillait les cartouches, vidait les gibernes et remplissait son panier. […] Une balle pourtant, mieux ajustée ou plus traître que les autres, finit par atteindre

l'enfant feu follet. On vit Gavroche chanceler, puis il s'affaissa. [...] Gavroche n'était tombé que pour se redresser ; il resta assis sur son séant, un long filet de sang rayait son visage, il éleva ses deux bras en l'air, regarda du côté d'où était venu le coup, et se mit à chanter : *Je suis tombé par terre, / C'est la faute à Voltaire, / Le nez dans le ruisseau, / C'est la faute à...* »

7.

Montmartre	**mur des Fédérés**
Jean-Baptiste Clément	**Nouvelle-Calédonie**
Père-Lachaise	***Le Temps des cerises***
Louise Michel	**généraux Lecomte et Clément-Thomas**

C'est à Montmartre que commence la Commune. Elle éclate le 18 mars 1871 lorsque le gouvernement de M. Thiers décide de récupérer les canons entreposés sur la butte depuis le conflit contre la Prusse : les généraux Lecomte et Clément-Thomas sont alors capturés et exécutés. L'épisode insurrectionnel s'achève à la fin du mois de mai. Dans le cimetière du Père-Lachaise tombent quelque 147 insurgés, fusillés devant le « mur des Fédérés » qui devient dès lors, et pour longtemps, l'un des lieux de rassemblement de la gauche. Parmi les figures emblématiques de la Commune émerge Louise Michel, condamnée au bagne de Nouvelle-Calédonie. Un chant s'est imposé comme l'emblème de ces semaines tragiques : *Le Temps des cerises* de Jean-Baptiste Clément. Composé sous le Second Empire, il a été dédié par son auteur à une infirmière tuée pendant la « Semaine sanglante ».

8.

19 novembre 1899 (inauguration du *Triomphe de la République* de Dalou)	**Nation**
6 février 1934 (manifestation des ligues)	**place de la Concorde et Palais-Bourbon**
7 mai 1968 (manifestation étudiante)	**Denfert-Rochereau et Étoile**
30 mai 1968 (contre-manifestation gaulliste)	**place de la Concorde Champs-Élysées et Étoile**
10 mai 1981 (élection de François Mitterrand)	**Bastille**

« Ce n'était pas la République amorphe et officielle, mais vive la République triomphante, vive la République sociale, vive cette République de Dalou qui montait claire et dorée dans le ciel bleu clair, éclairée du soleil descendant. [...] Nous l'acclamions, nous la voyions seule et haute, et nous passions au pas accéléré, car il fallait que le fleuve de peuple coulât. » C'est en ces termes que Charles Péguy rend compte de l'inauguration, le 19 novembre 1899, du monument à la République sculpté par Dalou. Ce jour-là, les discours officiels se doublent d'une gigantesque procession du peuple de Paris : la manifestation s'impose peu à peu comme une nouvelle manière d'utiliser la rue et d'y montrer sa force.

Différente est la journée du 6 février 1934 qui voit converger vers la place de la Concorde et le Palais-Bourbon les membres des ligues d'extrême droite puisque, cette fois, le rassemblement tourne à l'affrontement (au moins 15 morts).

En mai 1968, les manifestations sont nombreuses qui rassemblent étudiants et / ou travailleurs. Le 7 mai, le cortège étudiant parti de la place Denfert-Rochereau gagne l'Étoile. Ainsi que le déclarera Daniel Cohn-Bendit : « À Paris, nous nous sommes dirigés vers l'Arc de Triomphe parce que c'est un monument con. » La manifestation gaulliste du 30 mai qui, depuis la Concorde, remonte les Champs-Élysées, se veut en quelque sorte « purificatrice » : aux drapeaux noirs ou rouges et à *L'Internationale* des étudiants répondent le drapeau tricolore et *La Marseillaise*, chantée par les ténors du régime que sont André Malraux et Michel Debré, main dans la main, devant le tombeau du Soldat inconnu.

Il faut enfin signaler les manifestations de liesse qui suivent les victoires électorales : la plus fameuse, dans les dernières décennies, est celle du 10 mai 1981 à la Bastille. En 2002, c'est place de la République que Jacques Chirac décide de fêter sa réélection. En 2007, Nicolas Sarkozy choisit la place de la Concorde.

9. Seule l'affirmation **c.** est vraie.

Depuis 1998, la Techno Parade se déroule chaque année, en septembre. Celle de 2001 a été annulée dans le contexte de peur qui a suivi l'attentat contre les *Twin Towers* à New York. C'est dans cette ville qu'avait eu lieu en 1970 la première *Gay Pride*. À Paris, les homosexuels participent dans les années 1970 à des défilés ; ils organisent aussi des manifestations ; mais la première *Gay Pride* à proprement parler a lieu en 1981. Non pas en juin, comme ce sera le cas les années suivantes, mais en avril, afin de peser sur les élections présidentielles.

10

Le ventre de Paris

Ravitailler la capitale

Assurer le ravitaillement des Parisiens fut toujours une obsession du pouvoir politique. À défaut, on risquait l'émeute ou même la révolution… Pendant longtemps, le cœur de la capitale résonna des « cris des charretiers », des « coups de fouet », des « écrasements du pavé sous le fer des roues et le sabot des bêtes » ; pendant longtemps, les marchandises glissèrent sur la Seine jusqu'aux berges du centre de la cité : il fallait rassasier le ventre de ce monstre démographique… jusqu'à la congestion.

1. À Paris, la rive droite apparaît vouée aux activités économiques et notamment au ravitaillement des Parisiens. Les affirmations suivantes sont-elles vraies ou fausses ?
a. Depuis le Moyen Âge, la culture est interdite dans un rayon de quatre lieues autour de la capitale.
b. La foire dite du Lendit dépendait de l'abbaye Saint-Germain-des-Prés.
c. Les Halles médiévales se trouvaient à proximité de l'église Saint-Eustache.

2. « Elles entassaient leurs masses géométriques ; et, quand toutes les clartés intérieures furent éteintes, qu'elles baignèrent dans le jour levant, carrées, uniformes, elles apparurent comme une machine moderne, hors de toute mesure, quelque machine à vapeur, quelque chaudière destinée à la digestion d'un peuple, gigantesque ventre de métal, boulonné, rivé, fait de bois, de verre et de fonte, d'une élégance et d'une puissance de moteur méca-

nique, fonctionnant là, avec la chaleur du chauffage, l'étourdissement, le branle furieux des roues. »
Zola décrit ici :
❑ les pavillons de l'Exposition universelle de 1867
❑ les Halles de Baltard
❑ les gares de l'Est et du Nord

3. Les trois indices suivants doivent vous permettre d'identifier une construction qui fut fort impopulaire à la fin de l'Ancien Régime :
« Le mur murant Paris rend Paris murmurant » – douane – Claude Nicolas Ledoux
Une anagramme pour vous aider à trouver la réponse : RUE FREIN MARGES DEUX MERS

4. Parmi les équipements urbains suivants créés au XIXe siècle, un seul ne doit rien à Napoléon Ier. Lequel ?
❑ le marché aux Fleurs
❑ les abattoirs de Grenelle
❑ le marché des Blancs-Manteaux
❑ les abattoirs de la Villette

5. Complétez la grille suivante à l'aide des définitions ci-dessous :

A. Elle fut une pompe à eau puis un grand magasin où l'on trouvait tout.
1. Mari de Mme Jay, il commença sa fortune sur un pont.
2. Galeries proches de la gare Saint-Lazare.
3. Ce grand magasin porte le nom du plus célèbre musée de la capitale.
4. Fondateur du 6.
5. Ce grand magasin fondé en 1865 fut éclairé à l'électricité dès 1888.
6. Zola l'a visité avant d'écrire *Au Bonheur des Dames*.
7. Ce fut le plus grand magasin d'alimentation parisien sous le Second Empire… et « on y revient » !

6. Un film évoque le marché noir dans la capitale pendant la Seconde Guerre mondiale. Les quatre indices suivants doivent vous aider à l'identifier :
« Monsieur Jambier, 45, rue Poliveau » – « Salauds de pauvres ! » – Jean Gabin – Bourvil
Il s'agit de :
❑ *Un cochon dans la ville*
❑ *La Traversée de Paris*
❑ *Une valise dans la nuit*

7. L'ouverture des voies rapides longeant la Seine a achevé de couper la ville du fleuve qui la traverse. Pendant des siècles, pourtant, ses berges furent animées d'une vie intense : on y déchargeait les marchandises en de nombreux ports et entrepôts. Deux seulement des infrastructures suivantes sont en activité aujourd'hui. Lesquelles ?
❑ entrepôts de Bercy ❑ port de Grève
❑ port de Gennevilliers ❑ port de plaisance de l'Arsenal

8. En quelle année a ouvert le marché de Rungis ?
❑ 1953 ❑ 1969 ❑ 1973

Réponses

1. a. faux.
On cultive partout dans Paris, jusque sur les îles, ainsi qu'en témoignent par exemple les miniatures des *Très Riches Heures du duc de Berry*. Des moulins se dressent aussi bien sur les buttes que sur les ponts ou les rives de la Seine. Les jardins abritent pieds de vigne et arbres fruitiers. Et nombre de potagers intramuros subsistent jusqu'à la période contemporaine.
b. faux.
Il y a bien une foire qui dépend de l'abbaye Saint-Germain-des-Prés (elle se fixera à la fin du XXe siècle là où se trouve aujourd'hui le marché couvert Saint-Germain, près du carrefour Mabillon). La foire du Lendit dépendait, quant à elle, de l'abbaye de Saint-Denis. Elle se situait à mi-chemin entre Paris et l'abbaye, à proximité de l'endroit où s'élève à présent le Stade de France.
c. vrai.
Les Halles médiévales dressaient leurs bâtiments depuis le sud-est de l'église Saint-Eustache jusqu'au cimetière des Innocents. C'est le roi Louis VI qui a décidé, au XIIe siècle, de faire de ce lieu un marché (le marché dit des Champeaux).

2. les Halles de Baltard.
Sous le Second Empire, Baltard a édifié des pavillons de brique, d'acier et de verre, ces « parapluies » qui abriteront pendant un siècle les marchandises destinées aux Parisiens. Zola a consacré l'un des volumes de ses *Rougon-Macquart* à cette « nouvelle Babylone ». *Le Ventre de Paris* (1873) entend confronter le monde des bien-nourris à celui des maigres, tant il est vrai que la « bedaine » s'offre alors comme un signe de bourgeoisie (« C'était le centre boutiquier, le ventre de l'honnêteté moyenne, se ballonnant, heureux, luisant au soleil, trouvant que tout allait pour le mieux, que jamais les gens de mœurs paisibles n'avaient engraissé si bellement »).

3. mur des Fermiers généraux.
À la fin du XVIIIe siècle est édifié autour de Paris le mur des Fermiers généraux, barrière fiscale destinée à entraver la fraude qui sévissait largement : les marchandises seraient désormais contraintes de transiter par les « barrières » (bureaux de douane) afin que soient acquittées les taxes qui les frappaient. De la cinquantaine de « barrières » existant alors, il en reste aujourd'hui

quatre sous la forme de pavillons cubiques ou de rotondes : les barrières de Chartres et de La Villette, d'Enfer et du Trône, œuvres de l'architecte Claude Nicolas Ledoux. L'enceinte des Fermiers-Généraux suscite la réprobation des Parisiens, peu disposés à accepter cette innovation fiscale. Ainsi s'explique le dicton : « Le mur murant Paris rend Paris murmurant. »

4. les abattoirs de la Villette (création du Second Empire). Napoléon Ier s'est préoccupé du ravitaillement de la capitale. Il a créé les gigantesques greniers à blé du boulevard Bourdon, la halle aux Vins du quai Saint-Bernard, le marché des Jacobins ; il a ordonné la construction de marchés couverts (Saint-Martin, Blancs-Manteaux, Carmes et Saint-Germain). Et c'est sous l'Empire que le marché aux Fleurs a trouvé l'emplacement qui est aujourd'hui le sien, quai de la Corse (alors quai Desaix). Pour des raisons de salubrité publique, les abattoirs ont été distribués à la périphérie de la ville : Grenelle, Roule, Montmartre, Ménilmontant et Villejuif. Mais l'annexion des anciens faubourgs amène à concentrer l'activité : c'est la création des abattoirs généraux de la Villette avec sa grande halle. Une chanson de Jacques Dutronc témoigne de leur longue existence, jusqu'au transfert final à Rungis : « Les banlieusards sont dans les gares / la Villette on tranche le lard » (*Il est cinq heures, Paris s'éveille*).

5.

		1		2	3	4	5	6	7		
		C			L	B	P	B			
		O		L	O	O	R	O	F		
		G		A	U	U	I	N	E		
		N		F	V	C	N	M	L		
A	S	A	M	A	R	I	T	A	I	N	E
		C		Y	E	C	E	R	X		
		Q		E		A	M	C	P		
				T		U	P	H	O		
				T		T	S	E	T		
				E					I		
									N		

Henri IV a ordonné la construction d'une pompe à eau, au droit de la deuxième arche du pont Neuf : la machine était habillée d'un élégant pavillon, orné sur sa façade d'une représentation sculptée de la Samaritaine **(A)** offrant de l'eau au Christ. La pompe fut détruite à la fin du Premier Empire. C'est exactement en ce lieu qu'Ernest Cognacq **(1)** installe son premier étal. Le « Napoléon du déballage » commence là une longue carrière. Il ouvre, en 1869, une boutique au coin de la rue de la Monnaie. Au début du XXe siècle, avec sa femme Louise Jay, il fait appel à deux architectes de renom, Franck Jourdain et Henri Sauvage, qui réaliseront, entre 1900 et 1930, les trois célèbres bâtiments de ce qui fut le plus grand des grands magasins de la capitale, aujourd'hui fermé. Aristide Boucicaut **(4)** est le premier à avoir compris l'avenir de ces magasins de nouveautés, où les marchandises sont étiquetées et présentées au client qui peut les regarder et les toucher. Le Bon Marché **(6)** inspirera à Zola le Bonheur des Dames que l'écrivain décrit ainsi : « C'était la cathédrale du commerce moderne, solide et légère, faite pour un peuple de clientes. » Les grands magasins se multiplient dès lors dans la capitale : magasins du Louvre **(3)** en 1855, Printemps **(5)** en 1865, Galeries Lafayette **(2)** en 1893. Quant à Félix Potin **(7)**, il a ouvert en 1860, boulevard de Sébastopol, la première grande surface d'épicerie.

6. *La Traversée de Paris*.

Sur un scénario de Jean Aurenche et Pierre Bost (d'après une nouvelle de Marcel Aymé), Claude Autant-Lara a mis en scène, dans ce film de 1956, une sorte de parcours initiatique dans la capitale, qui s'offre aussi comme une satire grinçante du marché noir. Marcel Martin (Bourvil), un chauffeur de taxi privé d'emploi par la pénurie d'essence, doit transporter dans la ville un cochon égorgé et découpé dans la cave d'un certain Jambier (Louis de Funès). Il reçoit l'aide d'un inconnu, Grandgil (Jean Gabin), féroce contempteur de ses contemporains, qui se révèle être un artiste-peintre réputé.

Ce n'est pas la première fois que les Parisiens vivent la pénurie : pendant le siège de la ville par les Prussiens en 1870, on avait mangé les rats (et plus anecdotiquement les animaux du Jardin des Plantes) ; et pendant la Première Guerre mondiale, on avait connu les « jours sans viande » et le rationnement du pain. L'Occupation allemande, à partir de 1940, impose le recours à des cartes de ravitaillement : les habitants sont classés en plusieurs catégories (J1 ou J2, A, V, T, etc.) ; on fait la queue devant les commerces ; on cherche à se procurer des « ersatz »... quand on ne se livre pas au marché noir.

7. port de Gennevilliers et **port de plaisance de l'Arsenal**.
Le port de Grève fut au XVe siècle le plus important de Paris : sur le quai de l'Hôtel-de-Ville, on déchargeait vins, plâtres, ou pavés de grès ; plus en amont, on débarquait le foin et le bois. Les entrepôts de Bercy ont pour leur part abrité jusqu'au XXe siècle chais et caves ; les rues qui quadrillaient cet espace portaient les noms des grands crus et les Parisiens venaient se désaltérer dans les guinguettes du quartier. La restructuration récente du lieu a sauvegardé certains chais.
Depuis les années 1970, les nombreuses installations portuaires de la capitale – notamment la plate-forme de Gennevilliers – sont gérées par le port autonome dont le trafic annuel – considérable – s'élève à plus de 22 millions de tonnes de marchandises (2006).

8. 1969.
La congestion du centre et le développement de la banlieue parisienne rendaient absurde que les marchandises gagnent le cœur de la capitale avant d'être réexpédiées vers la périphérie. Le marché d'intérêt national de Rungis ouvre donc ses portes en mars 1969. Plus de 25 000 véhicules assurent quotidiennement la rotation des marchandises destinées à l'ensemble de l'Île-de-France. Le seul secteur des fruits et légumes comprend 40 hectares, sur plusieurs halles, divisées elles-mêmes en « carreaux ». Les grossistes y vendent aux marchands de primeurs et aux restaurateurs.

11

Paris est une fête

Loisirs et plaisirs dans la capitale

« Une raison pour laquelle Paris est tellement plus amusant à regarder que Londres, c'est qu'il contient beaucoup plus de gens, en proportion de sa population, qui n'ont rien à faire en ce monde que de divertir eux-mêmes et les autres. » Ce jugement de Mrs Trollope (*Paris et les Parisiens*, 1836) n'échappe pas à la caricature, mais il reflète assez bien la réputation de la capitale comme lieu de plaisirs, où il fait bon vivre. Ce n'est peut-être pas seulement pour la beauté de ses monuments que Paris draine chaque année 25 à 27 millions de touristes...

1. Les affirmations suivantes concernent les sports tels qu'ils pouvaient se pratiquer à Paris sous l'Ancien Régime. Saurez-vous dire si elles sont exactes ?
a. L'interdiction du duel sous Louis XIII a entraîné la fermeture des salles d'armes de la capitale. Vrai ou faux ?
b. Le jeu de paume connaît peu d'adeptes à la veille de la Révolution. Vrai ou faux ?

2. Nombre d'infrastructures sportives accueillent dans la capitale la foule des spectateurs de compétitions internationales. *Aficionados*, à vous de choisir la bonne réponse.
a. Les premiers hippodromes parisiens remontent au Second Empire / à la Belle Époque.
b. Le stade Roland-Garros a été construit en 1928 pour la finale de la coupe Davis / pour la finale des premiers Internationaux de France.

c. C'est par un match de football France-URSS qu'a été inauguré le Parc des Princes / le Stade de France.

3. Il est loin le temps où nos ancêtres se baignaient dans la Seine en plein cœur de la cité, non sans enfreindre les réglementations. Mais aujourd'hui – *fluctuant nec merguntur*[1] – les Parisiens flottent et ne sombrent pas dans les nombreuses piscines de la capitale.

a. La Seine a abrité nombre de bains et de piscines. La piscine Deligny a ainsi été créée en 1801. Vrai ou faux ?

b. Quelle est la plus ancienne piscine couverte de Paris ?

❑ la piscine Château-Landon ❑ la piscine de la Butte-aux-Cailles
❑ la piscine Jean-Taris

c. L'une de ces trois piscines a servi de cadre au tournage du film *Bleu* de Kieslowski ; une autre est réservée certains soirs aux naturistes.

❑ la piscine Pontoise ❑ la piscine Joséphine-Baker
❑ la piscine Roger-Le Gall

4. Fréquentez-vous assidûment les musées ou pensez-vous qu'ils sont réservés aux touristes ? Voici trois questions pour vérifier vos connaissances.

a. Quand le musée du Louvre a-t-il ouvert ?

❑ en 1768 ❑ en 1793 ❑ en 1855

b. Vous désirez voir *La Liberté guidant le peuple* de Delacroix. Allez-vous au musée du Louvre ou au musée d'Orsay ?

c. Il existe d'innombrables musées dans la capitale. Dans la liste suivante, qui ressemble un peu à un inventaire à la Prévert, saurez-vous dénicher celui qui n'a pas droit de cité ?

musée national du Sport – musée de la Curiosité et de la Magie – musée de la Contrefaçon – musée de l'Éventail – musée du Vin – musée de la Légion d'honneur – musée de l'Avocat – musée de la Bouillotte – musée du Mobilier urbain – musée d'Histoire de la préfecture de police

5. La vie culturelle de la capitale fut ponctuée de scandales qui ont contribué à sa notoriété. Voici trois œuvres qui donnèrent lieu à polémique. Saurez-vous associer chacune d'elles avec les éléments qui les caractérisent ?

---

1. Rappelons que la devise de la capitale est *Fluctuat nec mergitur* (« Elle est battue par les flots mais ne sombre pas »).

Le Déjeuner sur l'herbe	musique	1830	Hugo
Hernani	peinture	1863	Stravinsky
Le Sacre du printemps	théâtre	1913	Manet

6. Les modes passent, l'esprit des lieux subsiste dans les mémoires. Montmartre eut son heure de gloire avant que Montparnasse puis Saint-Germain-des-Prés ne s'imposent comme les cœurs battants de la vie intellectuelle et artistique. Rendez chaque établissement à son quartier :

le Lapin agile •	
café du Dôme •	• Montmartre
brasserie Lipp •	
La Coupole •	• Montparnasse
café des Deux-Magots •	
café de Flore •	• Saint-Germain-des-Prés
Moulin de la Galette •	

7. Certains quartiers de la capitale lui donnent une réputation internationale de capitale des plaisirs. Les quelques indices suivants doivent vous permettre d'identifier l'un d'entre eux.
Moulin-Rouge – cancan (danse) – la Goulue – prostitution – strip-tease

8. Dans ce tableau sont dissimulés verticalement, horizontalement ou en diagonale les noms de quelques salles de spectacle et institutions théâtrales. À vous de les retrouver en utilisant les définitions suivantes.

C	H	A	T	E	L	E	T
R	I	T	C	U	J	T	N
O	D	E	O	N	A	I	P
P	A	L	L	O	M	U	G
E	L	I	L	R	A	A	I
R	I	E	I	A	I	I	S
A	M	R	N	T	U	O	S
S	O	L	E	U	R	P	E

1. C'est aujourd'hui le Théâtre de l'Europe.
2. Salle des Boulevards dont les travaux d'Haussmann ont exigé la destruction et la reconstruction.

3. Charles Dullin en fit son théâtre.
4. Jean Vilar l'a dirigé et y a fait jouer Gérard Philipe.
5. Nom donné au Théâtre de l'Est parisien.
6. Charles Garnier édifia l'un ; Karl Ott l'autre.
7. Très grande salle vouée à la musique et aux grands spectacles, au cœur de la capitale.

9. Le 28 décembre 1895, boulevard des Capucines, dans le salon Indien du Grand Café, eut lieu la première projection cinématographique des frères Lumière. Paris s'impose vite comme une capitale du 7e art.
a. Longtemps, celui-ci eut ses temples. Parmi les trois salles suivantes, quelle est celle qui subsiste encore aujourd'hui ?
❑ le Kinopanorama ❑ le Gaumont-Palace ❑ le Grand Rex
b. Combien d'écrans de cinéma la capitale comprend-elle environ aujourd'hui ?
❑ 130 ❑ 250 ❑ 380
c. « Je me souviens de .. .. de l'avenue de Messine. » Saurez-vous compléter cette phrase de Georges Perec ? Une anagramme et deux indices doivent vous y aider.
L'anagramme : ELARA A FASCINE CHIQUEMENT
Les indices : 1936 Henri Langlois

10. Depuis 2002, chaque été, les berges de la Seine se métamorphosent en lieu de villégiature. Paris-Plage rythme désormais la vie de la capitale, au même titre que les Nuits blanches.
a. Laquelle de ces villes eut la première cette idée d'amener la plage en son cœur ?
❑ Saint-Quentin ❑ Clermont-Ferrand ❑ Budapest
❑ Londres ❑ Paris
b. Une station balnéaire prétend elle aussi à l'appellation « Paris-Plage ». Il s'agit de :
❑ Dieppe ❑ Le Touquet ❑ Deauville ❑ Honfleur

Réponses

1. a. faux. b. vrai.
Si le duel est interdit, l'art de l'escrime reste une activité en vogue. Au XVIe siècle, les étudiants prisaient fort l'exercice, et nombre de salles d'armes ont coexisté jusqu'à la fin de l'Ancien Régime, rue Saint-Jacques, rue de la Huchette ou rue de la Harpe. La clientèle aristocratique explique que d'autres salles se soient ouvertes dans le quartier Saint-Germain ou autour du Palais-Royal et du Louvre.
Il y avait 114 salles de jeu de paume à Paris au milieu du XVIIe siècle (sans compter les innombrables lieux où l'on y jouait en plein air) ; à la veille de la Révolution, il n'en reste qu'une quinzaine. La mode a passé.

2. a. au Second Empire. b. pour la finale de la coupe Davis. c. le Parc des Princes.
On organise des courses de chevaux dès le XVIIe siècle dans le bois de Boulogne. Mais le premier véritable hippodrome avec tribunes ouvre à Longchamp en 1857 (Vincennes et Auteuil seront inaugurés respectivement en 1863 et 1873). C'est ici que se tient notamment, depuis 1920, le Grand Prix de l'Arc de Triomphe, créé pour célébrer la Victoire.
Construit pour la finale de la coupe Davis (la France s'y illustre alors avec les fameux Mousquetaires), le stade Roland-Garros accueille dès cette année-là les Internationaux de France qui porteront désormais, eux aussi, le nom de ce héros de l'aviation de la Première Guerre mondiale abattu en 1918.
Le premier match disputé au Parc des Princes l'a été le 25 mai 1972 : il s'agissait d'un match olympique opposant la France et l'URSS, disputé quelques jours avant la finale de la Coupe de France. Le Stade de France, édifié dans la Plaine Saint-Denis, a été inauguré à l'occasion d'un match France-Espagne, le 28 janvier 1998.

3. a. vrai. b. la piscine Château-Landon. c. la piscine Pontoise et **la piscine Roger-Le Gall**.
Le premier bain chaud flottant avait été aménagé près des Tuileries en 1761. Un second fut installé à la pointe est de l'île Saint-Louis à la même époque. Mais c'est en 1801 que le maître-nageur Deligny crée sa piscine sur l'eau, à proximité du pont de la Concorde. La piscine Château-Landon a été inaugurée en

1884, quarante ans avant celle de la Butte-aux-Cailles. La piscine Pontoise a servi au tournage de certaines scènes du film *Bleu*, de Kieslowski, mais c'est ici également que le commandant Cousteau a expérimenté le premier scaphandre autonome en 1936. Deux soirs par semaine, la piscine Roger-Le Gall (et non la piscine Joséphine-Baker !) est réservée aux naturistes.

4. a. en 1793. b. au musée du Louvre. c. musée du Mobilier urbain.

L'idée courait depuis un quart de siècle mais c'est le 10 août 1793, à l'occasion du premier anniversaire de la prise des Tuileries, que le musée du Louvre ouvre ses portes aux visiteurs. Jusqu'en 1855, ces derniers n'y auront accès que le dimanche, les autres jours de la semaine étant réservés aux artistes.

Sauf rares exceptions, les collections du Louvre ne présentent que des œuvres antérieures à 1848. Le musée d'Orsay, inauguré en 1986 dans l'ancienne gare terminus du Paris-Orléans, est pour sa part consacré au XIXe siècle (de 1848 à 1914).

Il n'y a pas de musée du Mobilier urbain qui rassemblerait les équipements dont la ville s'est dotée lors des derniers siècles.

5.

***Le Déjeuner sur l'herbe* → peinture → 1863 → Manet**
***Hernani* → théâtre → 1830 → Hugo**
***Le Sacre du printemps* → musique → 1913 → Stravinsky**

Avec la pièce de Victor Hugo, c'est la querelle du romantisme qui agite le Paris littéraire. Le 25 février 1830, soir de la « première » au Théâtre-Français, les partisans du drame sont prêts à en découdre avec les classiques. Théophile Gautier rend compte de l'ambiance : « L'attitude générale était hostile, les coudes se faisaient anguleux, la querelle n'attendait pour jaillir que le moindre contact, et il n'était pas difficile de voir que ce jeune homme à longs cheveux trouvait ce monsieur à face bien rasée désastreusement crétin et ne lui cacherait pas longtemps cette opinion particulière. »

En 1863, se tient le premier salon des Refusés qui rassemble des œuvres d'art non retenues par le jury du Salon annuel des Artistes. Parmi elles, *Le Déjeuner sur l'herbe* de Manet, qui fait scandale, au grand regret de Zola : « [La foule] y a vu seulement des gens qui mangeaient sur l'herbe, au sortir du bain, et elle a cru que l'artiste avait mis une intention obscène et tapageuse

dans la disposition du sujet, lorsque l'artiste avait simplement cherché à obtenir des oppositions vives et des masses franches. »
Quant au *Sacre du printemps* (musique de Stravinsky et chorégraphie de Nijinski), sa création, le 29 mai 1913, dans le théâtre des Champs-Élysées flambant neuf, tourne au chahut.
À eux seuls, pourtant, de tels scandales témoignent du rayonnement culturel de la capitale.

6.

le Lapin agile
café du Dôme
brasserie Lipp
La Coupole
café des Deux-Magots
café de Flore
Moulin de la Galette

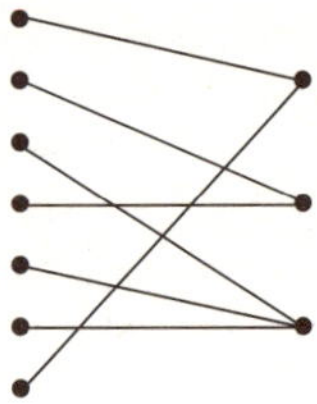

Montmartre
Montparnasse
Saint-Germain-des-Prés

Pendant longtemps, les marchandises furent soumises à des taxes pour entrer dans la capitale. C'est pour cette raison que nombre de cabarets s'installèrent en périphérie urbaine sous l'Ancien Régime. Dans la seconde moitié du XIXe siècle, les pentes de Montmartre accueillent des établissements qui connaissent un grand succès : immortalisé par Renoir, Van Gogh ou Toulouse-Lautrec, le Moulin de la Galette fut ainsi l'une des guinguettes les plus fameuses de son temps. Le Lapin agile, rue des Saules, tient son nom de l'enseigne – un lapin en redingote verte avec une écharpe rouge – peinte par le caricaturiste Gill : toute la « bohème » s'y est donné rendez-vous au tournant des deux siècles.
Le Dôme et La Coupole sont parmi les plus célèbres des établissements de Montparnasse, avec La Rotonde ou, un peu plus loin, à Port-Royal, La Closerie des Lilas. Autant de lieux fréquentés par les artistes et les intellectuels dès le début du XXe siècle. Lors de l'inauguration de La Coupole, en 1927 (un 20 décembre, car « le vingt dissipe la tristesse »), pas moins de 1 200 bouteilles de champagne sont servies. Quelques mois plus tard, Aragon y rencontre Elsa Triolet.
Créés tous deux dans les années 1880, le café de Flore ou les Deux-Magots – ou encore l'éphémère et mythique Tabou (1947) – ont fait la réputation d'un Saint-Germain-des-Prés que fréquentent après guerre Boris Vian et Juliette Gréco, Sartre et Simone de Beauvoir. De l'autre côté du boulevard, le jazz et l'existentialisme cèdent le pas devant les arcanes et les intrigues de la vie

politique : à la brasserie Lipp se côtoient anciens ministres, futurs présidents du Conseil, journalistes et hommes de lettres désireux de suivre au plus près les tribulations de la IVe République.

7. Pigalle.
Le Moulin-Rouge a ouvert ses portes en 1889 dans ce quartier qui commence, en cette fin du XIXe siècle, sa longue carrière de centre des nuits parisiennes, avec ses cabarets dansants, ses strip-teases, son « french cancan ». La Goulue, Nini Pattes en l'air, Yvette Guilbert ou Valentin le Désossé sont alors les figures célèbres de ce Paris nocturne. Mais Pigalle attire bientôt aussi le jeu, la prostitution et le crime. Les maisons closes s'y multiplient – jusqu'à leur fermeture en 1946 (loi dite de Marthe Richard) –, les caïds s'y « dessoudent ». Dans les années 1970, le quartier s'impose comme l'un des lieux de concentration des sex-shops.

8.

C	**H**	**A**	**T**	**E**	**L**	**E**	**T**
R	I	**T**	**C**	U	J	T	**N**
O	**D**	**E**	**O**	**N**	A	I	**P**
P	A	**L**	**L**	O	M	U	**G**
E	L	**I**	**L**	R	A	**A**	I
R	I	**E**	**I**	A	**I**	I	S
A	M	**R**	**N**	**T**	U	O	S
S	O	L	**E**	U	R	P	E

1. Odéon. 2. la **Gaîté. 3. Atelier. 4. TNP** (Théâtre national populaire)**. 5. Colline. 6. Opéra. 7. Châtelet.**
L'Odéon avait été construit, peu avant la Révolution, pour accueillir les Comédiens-Français, mais en raison des tribulations politiques une partie d'entre eux ont préféré la salle du Palais-Royal où les descendants de la troupe de Molière continuent de jouer aujourd'hui les pièces du répertoire. L'Odéon accueillit un temps la compagnie Renault-Barrault ; il est aujourd'hui le Théâtre de l'Europe, l'un des cinq théâtres nationaux subventionnés par l'État.
Sur les Boulevards se sont égrenés, depuis l'Ancien Régime, nombre de théâtres voués avant tout à la distraction (la Gaîté, le Vaudeville, la Renaissance, l'Ambigu, le Théâtre de la Porte-

Saint-Martin, etc.). Ceux du boulevard du Temple étaient célèbres pour leurs mélodrames ponctués de meurtres : on parla donc du « boulevard du Crime » (Marcel Carné y situe l'intrigue de son film *Les Enfants du paradis*). Au début du XXe siècle, certains metteurs en scène et acteurs entendent offrir un théâtre plus exigeant. Telle est la raison d'être du Vieux-Colombier ouvert en 1913 par Jacques Copeau ou, quelques années plus tard, celle de l'Atelier de Charles Dullin. La seconde partie du XXe siècle est marquée, quant à elle, à la fois par la volonté d'élargir le public – c'est l'objectif du TNP qui occupe un temps la salle du palais de Chaillot – et par un retour dans les quartiers périphériques (Théâtre de l'Est parisien qui devient Théâtre de la Colline en 1987) ou en banlieue (Amandiers de Nanterre, Cartoucherie de Vincennes).
L'opéra fut au cœur des mondanités parisiennes au XIXe siècle. Inauguré en 1875, l'édifice de Garnier s'offre aujourd'hui encore comme l'un des témoins monumentaux les plus représentatifs du Paris haussmannien ; depuis les années 1980, lui fait écho dans l'Est parisien l'architecture contemporaine de l'Opéra-Bastille. Quant au Châtelet, construit ainsi que son vis-à-vis, le Théâtre de la Ville, sous le Second Empire, il aura notamment contribué à inscrire l'opérette au cœur de la capitale.

9. a. le Grand Rex. b. 380. c. « Je me souviens de **la Cinémathèque française** de l'avenue de Messine. »
Près de la porte Clichy, le Pathé-Gaumont fut, à l'orée du XXe siècle, la plus vaste salle de cinéma du monde. Totalement remanié en 1930-1931 dans le style Art déco, agrandi (6 000 places), il a bientôt pour rival, sur les Grands Boulevards, le Grand Rex, le seul de ces grands temples du cinéma encore en activité à Paris : son décor exubérant et ses jeux d'eau lors de certaines représentations font de la salle une attraction à elle seule. Le Kinopanorama, à La Motte-Piquet, fut au temps de sa splendeur l'une des salles les plus modernes, dotée de l'un des plus grands écrans d'Europe. Le Pathé-Gaumont et le Kinopanorama ont respectivement fermé leurs portes en 1972 et 2002.
Depuis les années 1960, les fermetures de salles ont complètement remodelé la géographie cinématographique de la capitale : des arrondissements entiers sont aujourd'hui presque totalement dépourvus de salle obscure. Le temps est désormais aux multiplexes dans la ville et en banlieue. Il y a aujourd'hui 380 écrans à Paris.

Créée en 1936 par Henri Langlois, la Cinémathèque est d'abord vouée à la conservation et à la restauration des films. Elle a déménagé plusieurs fois depuis sa fondation avant de s'installer dans les murs de la Maison du cinéma, à l'intérieur de ce qui fut originellement l'American Center (architecte : F. O. Gehry), rue de Bercy.

10. a. Saint-Quentin. b. Le Touquet.
Il n'est plus besoin de prolonger le boulevard Saint-Michel jusqu'à la mer. Pendant quelques semaines, la capitale joue les stations balnéaires. Non sans succès. Sable et palmiers, brumisateurs, piscine, installations sportives et buvettes drainent trois à quatre millions de visiteurs. Saint-Quentin, dans l'Aisne, est la première ville à avoir installé une plage au cœur de la cité, en l'occurrence devant l'hôtel de ville. Mais c'est bien Paris qui a inspiré Budapest, Berlin et d'autres capitales européennes.
En 1882, une toute nouvelle station balnéaire a ouvert dans le Pas-de-Calais, qui devait porter jusqu'en 1912 le nom de Paris-Plage, avant de s'imposer comme Le Touquet-Paris-Plage. L'homonymie avec l'événement estival de la capitale – qui porte à présent le nom de Paris-Plages – a suscité récemment un différend porté en justice.

Librio

876

Composition Nord Compo
Achevé d'imprimer en France par Aubin
en mai 2008 pour le compte de E.J.L.
87, quai Panhard-et-Levassor, 75013 Paris
Dépôt légal mai 2008
EAN 9782290008775

Diffusion France et étranger : Flammarion